쉽고 **빠르게** 정리하는

수학 하

9종 교과서 시크릿

고등수학,
전국 수학 선생님들이 검토한
9교시로 시작하세요.

생생 Review

"기존 특강서는 어려운 문제들이 중간중간 들어가 있어서 진도 나가기가 어려웠는데, 9교시는 문제 난이도 흐름이 정선되어서 진도 나가기가 수월할 것 같아요."

"문제의 난이도가 처음 고등 수학을 배우는 학생들에게 적당해서 이해가 잘 될 것 같아요."

"교과서 변형문제가 수록되어서 학생들에게 다양한 교과서 문제 풀이를 시킬 수 있어서 좋아요."

검토위원

강수민	부산	박영선	전남	이동지	부산	정갑성	경북
구본희	대구	박 용	경기	이상일	서울	정 석	광주
구태현	경기	박은옥	대전	이선미	대구	정욱진	경기
김도환	경북	박정수	경북	이 영	경기	조승현	서울
김명기	경기	박종회	경기	이용우	서울	진창수	서울
김미경	서울	박주엘	전남	이용준	서울	채미진	서울
김민채	경남	방영현	전남	이윤배	서울	채소라	서울
김보흥	울산	서하늘	서울	이정화	부산	최경희	경기
김상근	서울	손영민	경기	이정환	전북	최병희	경기
김상미	경기	손창훈	대구	이정훈	경기	최승환	경기
김상수	경기	안중학	서울	이종진	경기	최원길	경기
김순경	울산	양경실	서울	이종창	경기	최원준	서울
김승호	경기	양구근	서울	이종훈	경기	한성수	전남
김연아	서울	양은진	인천	이찬희	서울	한승엽	서울
김우찬	서울	양재진	서울	이창성	인천	한은선	서울
김인혁	전북	양종선	전북	이화진	경기	한정희	경북
김태우	인천	오성진	광주	임귀선	경북	허경훈	대전
김혜숙	경기	우명식	충남	임정희	울산		
김희찬	서울	윤영진	대전	장석진	경기		
목철수	경기	윤필윤	인천	장정수	충남		
민대식	경남	이강화	전남	장진규	경기		
박미현	인천	이경환	서울	전경수	경기		
박민경	서울	이계형	경기	전구왕	인천		
박상현	경남	이고운	광주	전지호	경기		

| 발행일 | 2019년 3월 15일 초판 2쇄 |
| 지은이 | 개념원리 수학연구소 |

| 개발 총괄 | 최진경 |
| 개발 책임 | 배레나, 홍은사, 문지혜, 안수현, 김혜나, 김미애, 최천호 |

사업 총괄	김기철
영업 책임	권영태, 박지수
마케팅 책임	남정우
디자인 책임	선혜민, 홍수정
유통 책임	황은정, 조경수
제작 책임	황석필, 임수환

펴낸이	고사무열
펴낸곳	(주)개념원리
등록번호	제 22-2381호
주소	서울시 강남구 강남대로 262, 14층 (도곡동, 캠코양재타워) 06265
고객센터	1644-1248

▌되짚어 보기 & 도입학습

대단원 도입에 필요한 선수 학습 문제를 제시하였고 이 대단원에서 학습하게 될 내용과 관련된 이전에 배운 내용, 이후에 배울 내용을 연계하여 나타내었습니다.

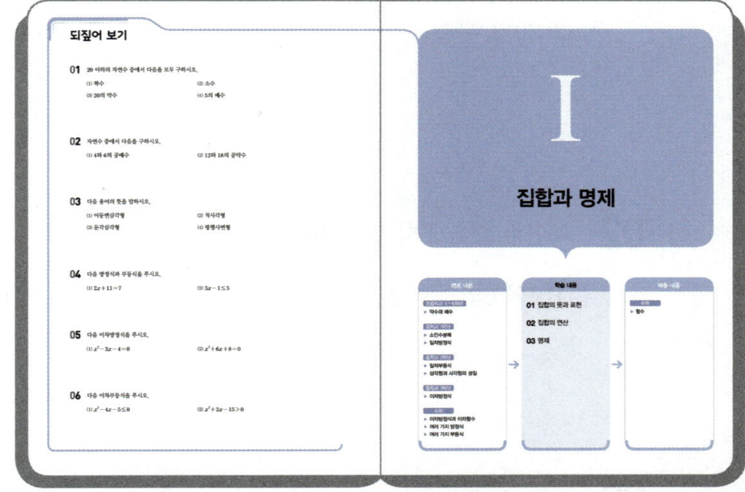

▌교과서 핵심 개념 정리

교과서에서 다루는 핵심 개념만을 모아 알차고 이해하기 쉽게 정리하였습니다.

개념 플러스 개념 이해나 문제 해결에 유용한 내용 등을 제공하였습니다.

▌교과서 유형 흐름잡기

반드시 풀어야 할 교과서 핵심 유형의 대표 문제와 숫자, 표현을 유사하게 바꾼 문제를 제시하여 핵심 유형을 확실히 익힐 수 있도록 하였습니다. 또, 문제 해결에 필요한 내용을 **Point**, **Tip** 으로 제시하였습니다.

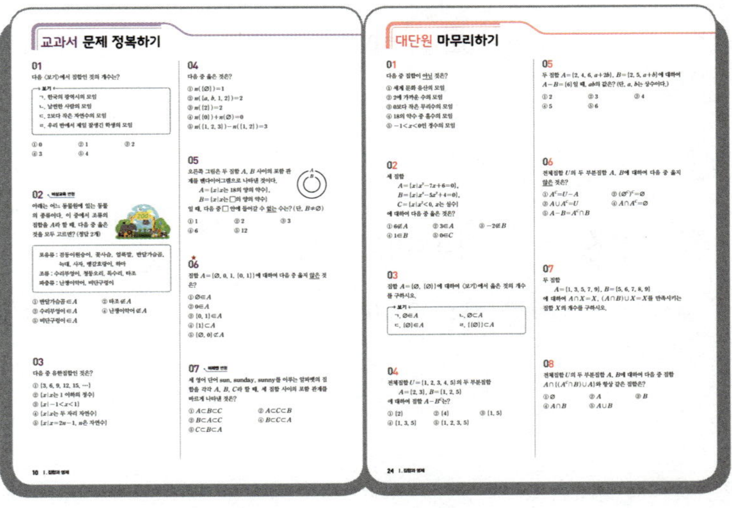

▌교과서 문제 정복하기
▌대단원 마무리하기

교과서 핵심 유형을 제대로 이해할 수 있는 문제가 제시되어 있어 앞에서 배운 핵심 개념과 핵심 유형을 완벽히 이해하였는지 체크할 수 있습니다.

9종 교과서 변형 문제 15개정 교육과정에 합격한 9종 교과서를 완벽히 분석하여 변형 문제를 제시하였습니다.

01 20 이하의 자연수 중에서 다음을 모두 구하시오.

   (1) 짝수   (2) 소수

   (3) 20의 약수   (4) 5의 배수

02 자연수 중에서 다음을 구하시오.

   (1) 4와 6의 공배수   (2) 12와 18의 공약수

03 다음 용어의 뜻을 말하시오.

   (1) 이등변삼각형   (2) 직사각형

   (3) 둔각삼각형   (4) 평행사변형

04 다음 방정식과 부등식을 푸시오.

   (1) $2x+11=7$ (2) $3x-1\leq5$

05 다음 이차방정식을 푸시오.

   (1) $x^2-3x-4=0$ (2) $x^2+6x+8=0$

06 다음 이차부등식을 푸시오.

   (1) $x^2-4x-5\leq0$ (2) $x^2+2x-15>0$

I

집합과 명제

01 집합의 뜻과 표현

01·1 집합과 원소

(1) **집합** : 어떤 기준에 의하여 그 대상을 분명히 정할 수 있는 것들의 모임
(2) **원소** : 집합을 이루는 대상 하나하나
   ① a가 집합 A의 원소일 때, $a \in A$ ② b가 집합 A의 원소가 아닐 때, $b \notin A$
(3) **집합의 표현**
   ① **원소나열법** : 집합에 속하는 모든 원소를 { } 안에 나열하여 집합을 나타내는 방법
   ② **조건제시법** : 집합의 원소들이 갖는 공통된 성질을 조건으로 제시하여 집합을 나타내는 방법
   ③ **벤다이어그램** : 집합을 나타낸 그림
   ex 6의 양의 약수의 집합을 A라 하면

원소나열법	조건제시법	벤다이어그램
$A = \{1, 2, 3, 6\}$	$A = \{x \mid x$는 6의 양의 약수$\}$	A: 1, 2, 3, 6

조건제시법 설명: x의 공통된 성질 / 원소를 대표하는 문자

01·2 집합의 원소의 개수

(1) **원소의 개수에 따른 집합의 분류**
   ① **유한집합** : 원소가 유한개인 집합   ② **무한집합** : 원소가 무수히 많은 집합
   ③ **공집합** : 원소가 하나도 없는 집합을 공집합이라 하고, 기호로 $\varnothing$과 같이 나타낸다.
(2) **유한집합 A의 원소의 개수** : 기호로 $n(A)$와 같이 나타낸다.

01·3 부분집합

(1) **부분집합** : 두 집합 A, B에 대하여 A의 모든 원소가 B에 속할 때, A를 B의 부분집합이라 한다.
   ① 집합 A가 집합 B의 부분집합일 때, 기호로 $A \subset B$와 같이 나타낸다.
   ② 집합 A가 집합 B의 부분집합이 아닐 때, 기호로 $A \not\subset B$와 같이 나타낸다.
(2) **부분집합의 성질** : 집합 A에 대하여
   ① $A \subset A$ ② $\varnothing \subset A$
(3) **서로 같은 집합** : 두 집합 A, B에 대하여 $A \subset B$이고 $B \subset A$일 때, A와 B는 서로 같다고 한다.
   ① 두 집합 A, B가 서로 같은 집합일 때, 기호로 $A = B$와 같이 나타낸다.
   ② 두 집합 A, B가 서로 같은 집합이 아닐 때, 기호로 $A \neq B$와 같이 나타낸다.
(4) **진부분집합** : 두 집합 A, B에 대하여 $A \subset B$이지만 $A \neq B$일 때, A를 B의 진부분집합이라 한다.

01·4 부분집합의 개수

원소의 개수가 n인 집합 A의
(1) **부분집합의 개수** : 2^n (2) **진부분집합의 개수** : $2^n - 1$

개념 플러스

집합을 원소나열법으로 나타낼 때
① 원소를 나열하는 순서는 관계없다.
② 같은 원소는 중복하여 쓰지 않는다.
③ 원소가 많고, 원소 사이에 일정한 규칙이 있으면 원소의 일부를 생략하고 '…'을 사용하여 나타낸다.

공집합은 원소의 개수가 0인 유한집합이다.

혼동하기 쉬운 집합의 원소의 개수
① $n(\varnothing) = 0$
   ⇨ 공집합의 원소는 0개이다.
② $n(\{\varnothing\}) = 1$
   ⇨ 집합 $\{\varnothing\}$의 원소는 $\varnothing$의 1개이다.
③ $n(\{0\}) = 1$
   ⇨ 집합 $\{0\}$의 원소는 0의 1개이다.

집합 A가 집합 B의 부분집합이 아니면 A의 원소 중에서 B에 속하지 않는 것이 있다.

부분집합의 개수
원소의 개수가 n인 집합 A의
① 특정한 원소 $m(m<n)$개를 반드시 원소로 갖는 부분집합의 개수
   ⇨ 2^{n-m}
② 특정한 원소 $k(k<n)$개를 원소로 갖지 않는 부분집합의 개수
   ⇨ 2^{n-k}
③ 특정한 원소 m개는 반드시 원소로 갖고, k개는 원소로 갖지 않는 부분집합의 개수
   ⇨ 2^{n-m-k} (단, $m+k<n$)

교과서 유형 흐름잡기

유형 **1** | 집합의 뜻

다음 중 집합인 것을 모두 고르면? (정답 2개)

① 10보다 작은 자연수의 모임
② 10에 가까운 수의 모임
③ 우리 반 학생 중 키가 165 cm 이상인 학생의 모임
④ 우리 반 학생 중 키가 큰 학생의 모임
⑤ 작은 짝수의 모임

Tip 주어진 기준에 의하여 그 대상을 분명히 정할 수 있는지 확인한다.

1-**1** 숫자

다음 중 집합인 것을 모두 고르면? (정답 2개)

① 아름다운 꽃의 모임
② 맛있는 음식의 모임
③ 2017년에 태어난 사람의 모임
④ 10보다 작은 소수의 모임
⑤ 0에 가까운 수의 모임

1-**2** 표현

다음 〈보기〉에서 집합인 것만을 있는 대로 고른 것은?

→ **보기** ←
ㄱ. 1보다 작은 자연수의 모임
ㄴ. 한 자리의 짝수의 모임
ㄷ. 우리나라 국립공원의 모임

① ㄱ　　　② ㄱ, ㄴ　　　③ ㄱ, ㄷ
④ ㄴ, ㄷ　　　⑤ ㄱ, ㄴ, ㄷ

⭐ 유형 **2** | 집합과 원소

집합 $A=\{x\,|\,-3\leq 2x-1\leq 11,\ x$는 정수$\}$에 대하여 다음 중 옳지 <u>않은</u> 것은?

① $-2\notin A$　　　② $-1\in A$　　　③ $3\in A$
④ $5\in A$　　　⑤ $7\in A$

Tip { } 안의 식을 풀고 간단히 정리하여 집합 A의 원소를 직접 나열해 본다.

2-**1** 숫자

집합 $A=\{x\,|\,x^2-5x-14=0\}$에 대하여 다음 중 옳은 것을 모두 고르면? (정답 2개)

① $-7\in A$　　② $-2\notin A$　　③ $1\notin A$
④ $7\in A$　　⑤ $14\in A$

2-**2** 표현

두 집합
$$A=\{x\,|\,x는\ 3의\ 양의\ 약수\},$$
$$B=\{x\,|\,x는\ 4의\ 양의\ 약수\}$$
에 대하여 집합 C를 $C=\{xy\,|\,x\in A,\ y\in B\}$라 할 때, 다음 중 옳지 <u>않은</u> 것은?

① $1\in C$　　　② $3\in C$　　　③ $5\notin C$
④ $8\notin C$　　　⑤ $10\in C$

다음 중 옳지 <u>않은</u> 것은?

① $A=\{1, 2, 3\}$이면 $n(A)=3$이다.
② $B=\{0\}$이면 $n(B)=1$이다.
③ $C=\{\varnothing\}$이면 $n(C)=0$이다.
④ $D=\{x\,|\,x$는 10 이하의 소수$\}$이면 $n(D)=4$이다.
⑤ $E=\{x\,|\,x$는 10의 양의 약수$\}$, $F=\{2, 4, 6, 8\}$이면 $n(E)=n(F)$이다.

> **Point** $n(A)$ ⇨ 유한집합 A 의 원소의 개수

3-1 숫자

다음 중 옳지 <u>않은</u> 것은?

① $A=\{2, 4, 6, \cdots, 50\}$이면 $n(A)=25$이다.
② $n(B)=0$이면 $B=\varnothing$이다.
③ $C=\{\varnothing, 0\}$이면 $n(C)=2$이다.
④ $D=\{x\,|\,0<x<10,\ x$는 홀수$\}$이면 $n(D)=5$이다.
⑤ $E=\{1, 2, 3\}$, $F=\{3\}$이면 $n(E)=n(F)$이다.

3-2 표현

다음 중 옳은 것은?

① $n(\{0\})=0$
② $n(\varnothing)=1$
③ $n(\{1, 2\})<n(\{3, 4\})$
④ $n(\{2, 3, 4\})-n(\{3, 4\})=2$
⑤ $n(\{\varnothing\})=n(\{1\})$

세 집합

$$A=\{x\,|\,x\text{는 6 이하의 자연수}\},$$
$$B=\{x\,|\,x\text{는 3의 양의 약수}\},$$
$$C=\{x\,|\,x\text{는 6의 양의 약수}\}$$

사이의 포함 관계를 바르게 나타낸 것은?

① $A\subset B\subset C$ 　　② $A\subset C\subset B$ 　　③ $B\subset A\subset C$
④ $B\subset C\subset A$ 　　⑤ $C\subset B\subset A$

> **Point** 집합 A의 모든 원소가 집합 B에 속할 때, A를 B의 부분집합이라 한다.

4-1 숫자

세 집합

$$A=\{0, 1, 2\},$$
$$B=\{x+y\,|\,x\in A,\ y\in A\},$$
$$C=\{xy\,|\,x\in A,\ y\in A\}$$

사이의 포함 관계를 바르게 나타낸 것은?

① $A\subset B\subset C$ 　　② $A\subset C\subset B$
③ $B\subset A\subset C$ 　　④ $B\subset C\subset A$
⑤ $C\subset B\subset A$

4-2 표현

세 집합

$$A=\{x\,|\,2x+1>1\},$$
$$B=\{x\,|\,x>a\},$$
$$C=\{x\,|\,x\geq 4\}$$

에 대하여 $C\subset B\subset A$가 성립할 때, 실수 a의 값의 범위는?

① $a\geq 0$ 　　② $a\leq 4$ 　　③ $0\leq a<4$
④ $0\leq a\leq 4$ 　　⑤ $a\geq 4$

유형 5 ｜ 서로 같은 집합

두 집합 $A=\{4,\ 2a-b\}$, $B=\{5,\ a+b\}$에 대하여 $A=B$일 때, $a-b$의 값은?

(단, $a,\ b$는 실수이다.)

Point 서로 같은 두 집합의 모든 원소는 각각 서로 같다.

① 1　　　　② 2　　　　③ 3

④ 4　　　　⑤ 5

5-1 숫자

두 집합 $A=\{1,\ 4,\ 5\}$, $B=\{x-2,\ x+1,\ x+2\}$에 대하여 $A=B$일 때, 실수 x의 값을 구하시오.

5-2 표현

두 집합 $A=\{2,\ 5,\ 7\}$, $B=\{x-1,\ y,\ y+3\}$에 대하여 $A\subset B$이고 $B\subset A$일 때, $x+y$의 값을 구하시오.

(단, $x,\ y$는 실수이다.)

유형 6 ｜ 특정한 원소를 포함하거나 포함하지 않는 부분집합의 개수

집합 $A=\{1,\ 3,\ 5,\ 7,\ 9\}$의 부분집합 중에서 1은 반드시 원소로 갖고, 7, 9는 원소로 갖지 않는 부분집합의 개수는?

Point 원소의 개수가 n인 집합 A의 원소 중에서 특정한 원소 m개는 반드시 원소로 갖고, k개는 원소로 갖지 않는 부분집합의 개수는
2^{n-m-k} (단, $m+k<n$)

① 1　　　　② 2　　　　③ 4

④ 8　　　　⑤ 16

6-1 숫자

집합 $A=\{a,\ b,\ c,\ d,\ e,\ f,\ g\}$의 부분집합 중에서 $a,\ c,\ e$는 반드시 원소로 갖고, b는 원소로 갖지 않는 부분집합의 개수를 구하시오.

6-2 표현

집합 $A=\{x\,|\,x$는 15의 양의 약수$\}$에 대하여 $\{3,\ 5\}\subset X\subset A$를 만족시키는 집합 X의 개수를 구하시오.

교과서 문제 정복하기

01

다음 〈보기〉에서 집합인 것의 개수는?

ㄱ. 한국의 광역시의 모임
ㄴ. 날씬한 사람의 모임
ㄷ. 2보다 작은 자연수의 모임
ㄹ. 우리 반에서 제일 잘생긴 학생의 모임

① 0   ② 1   ③ 2
④ 3   ⑤ 4

02   비상교육 변형

아래는 어느 동물원에 있는 동물의 종류이다. 이 중에서 조류의 집합을 A라 할 때, 다음 중 옳은 것을 모두 고르면? (정답 2개)

포유류 : 검둥이원숭이, 꽃사슴, 얼룩말, 반달가슴곰, 늑대, 사자, 벵갈호랑이, 하마

조류 : 수리부엉이, 청둥오리, 독수리, 타조

파충류 : 난쟁이악어, 비단구렁이

① 반달가슴곰 $\in A$ ② 타조 $\notin A$
③ 수리부엉이 $\in A$ ④ 난쟁이악어 $\notin A$
⑤ 비단구렁이 $\in A$

03

다음 중 유한집합인 것은?

① $\{3, 6, 9, 12, 15, \cdots\}$
② $\{x \mid x$는 1 이하의 정수$\}$
③ $\{x \mid -1 < x < 1\}$
④ $\{x \mid x$는 두 자리 자연수$\}$
⑤ $\{x \mid x = 2n-1, n$은 자연수$\}$

04

다음 중 옳은 것은?

① $n(\{\varnothing\}) = 1$
② $n(\{a, b, 1, 2\}) = 2$
③ $n(\{2\}) = 2$
④ $n(\{0\}) + n(\varnothing) = 0$
⑤ $n(\{1, 2, 3\}) - n(\{1, 2\}) = 3$

05

오른쪽 그림은 두 집합 A, B 사이의 포함 관계를 벤다이어그램으로 나타낸 것이다.

$$A = \{x \mid x \text{는 18의 양의 약수}\},$$
$$B = \{x \mid x \text{는 } \square \text{의 양의 약수}\}$$

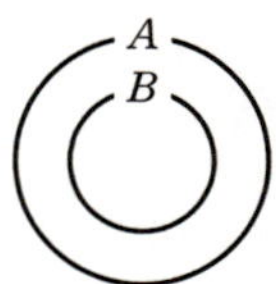

일 때, 다음 중 $\square$ 안에 들어갈 수 <u>없는</u> 수는? (단, $B \neq \varnothing$)

① 1   ② 2   ③ 3
④ 6   ⑤ 12

★ 06

집합 $A = \{\varnothing, 0, 1, \{0, 1\}\}$에 대하여 다음 중 옳지 <u>않은</u> 것은?

① $\varnothing \in A$
② $0 \in A$
③ $\{0, 1\} \in A$
④ $\{1\} \subset A$
⑤ $\{\varnothing, 0\} \not\subset A$

07   미래엔 변형

세 영어 단어 sun, sunday, sunny를 이루는 알파벳의 집합을 각각 A, B, C라 할 때, 세 집합 사이의 포함 관계를 바르게 나타낸 것은?

① $A \subset B \subset C$ ② $A \subset C \subset B$
③ $B \subset A \subset C$ ④ $B \subset C \subset A$
⑤ $C \subset B \subset A$

08

두 집합 $A=\{2,\ 4\}$, $B=\{0,\ 2,\ a+1,\ 3a-8\}$에 대하여 $A\subset B$가 성립하도록 하는 모든 자연수 a의 값의 합은?

① 5 　　　　② 6 　　　　③ 7
④ 8 　　　　⑤ 9

09

집합 $A=\{x\,|\,x=4n-1,\ n$은 3 이하의 자연수$\}$에 대하여 다음 중 옳지 <u>않은</u> 것은?

① $n(A)=3$
② 원소가 1개인 A의 부분집합은 3개이다.
③ 원소가 2개인 A의 부분집합은 3개이다.
④ 원소가 3개인 A의 부분집합은 3개이다.
⑤ $\varnothing$은 A의 부분집합이다.

10

두 집합 $A=\{2,\ 3\}$, $B=\{a+1,\ a^2-2\}$에 대하여 $A=B$일 때, 실수 a의 값을 구하시오.

11

다음 중 집합 $\{-1,\ 0,\ 1\}$의 진부분집합인 것을 모두 고르면? (정답 2개)

① $\varnothing$
② $\{-1,\ 0,\ 1\}$
③ $\{x\,|\,x^2-1=0\}$
④ $\{x\,|\,x$는 -1 이상의 정수$\}$
⑤ $\{x\,|\,|x|\leq 1,\ x$는 정수$\}$

12

다음 집합 중 부분집합의 개수가 16인 것은?

① $\{1,\ 2,\ 3,\ 4,\ 5\}$
② $\{x\,|\,x$는 12의 양의 약수$\}$
③ $\{x\,|\,x$는 7 미만의 소수$\}$
④ $\{x\,|\,x$는 20보다 작은 4의 양의 배수$\}$
⑤ $\{1,\ 2,\ 3,\ \cdots,\ 16\}$

★ 13

집합 $A=\{x\,|\,x$는 5 이하의 자연수$\}$의 부분집합 중에서 1, 3을 반드시 원소로 갖는 집합의 개수를 x라 하고, 2는 반드시 원소로 갖고 1, 5는 원소로 갖지 않는 집합의 개수를 y라 할 때, $x+y$의 값을 구하시오.

14

두 집합

$$A=\{x\,|\,x^2-4x+3=0\},$$
$$B=\{x\,|\,x$는 24의 양의 약수$\}$$

에 대하여 $A\subset X\subset B$, $X\neq A$, $X\neq B$를 모두 만족시키는 집합 X의 개수는?

① 24 　　　　② 32 　　　　③ 34
④ 62 　　　　⑤ 64

15

집합 $A=\{1,\ 2,\ 3,\ 4,\ 5\}$의 부분집합 중 적어도 한 개의 짝수를 원소로 갖는 집합의 개수는?

① 16 　　　　② 20 　　　　③ 24
④ 28 　　　　⑤ 32

02 집합의 연산

02·1 집합의 연산

(1) **합집합** : 두 집합 A, B에 대하여 A에 속하거나 B에 속하는 모든 원소로 이루어진 집합
$$\Rightarrow A \cup B = \{x \mid x \in A \text{ 또는 } x \in B\}$$

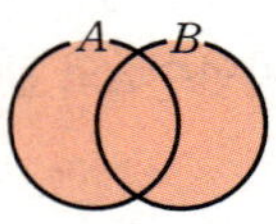

(2) **교집합** : 두 집합 A, B에 대하여 A에도 속하고 B에도 속하는 모든 원소로 이루어진 집합
$$\Rightarrow A \cap B = \{x \mid x \in A \text{ 그리고 } x \in B\}$$

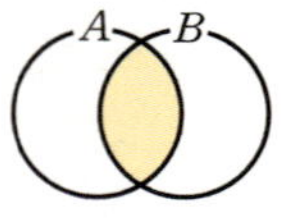

(3) **여집합** : 전체집합 U의 부분집합 A에 대하여 U의 원소 중에서 A에 속하지 않는 모든 원소로 이루어진 집합
$$\Rightarrow A^C = \{x \mid x \in U \text{ 그리고 } x \notin A\}$$

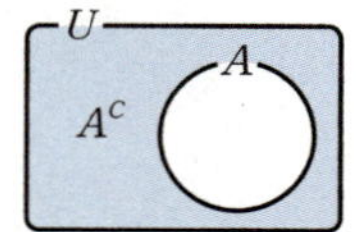

(4) **차집합** : 두 집합 A, B에 대하여 A에는 속하지만 B에는 속하지 않는 모든 원소로 이루어진 집합
$$\Rightarrow A - B = \{x \mid x \in A \text{ 그리고 } x \notin B\}$$

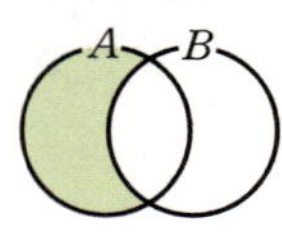

02·2 집합의 연산의 성질

(1) **합집합과 교집합의 성질** : 집합 A에 대하여
  ① $A \cup \varnothing = A$, $A \cap \varnothing = \varnothing$ ② $A \cup A = A$, $A \cap A = A$

(2) **여집합과 차집합의 성질** : 전체집합 U의 두 부분집합 A, B에 대하여
  ① $A \cup U = U$, $A \cap U = A$ ② $A \cup A^C = U$, $A \cap A^C = \varnothing$
  ③ $\varnothing^C = U$, $U^C = \varnothing$ ④ $(A^C)^C = A$
  ⑤ $A^C = U - A$ ⑥ $A - B = A \cap B^C = A - (A \cap B)$

02·3 집합의 연산 법칙과 드모르간의 법칙

(1) **집합의 연산 법칙** : 세 집합 A, B, C에 대하여
  ① 교환법칙 : $A \cup B = B \cup A$, $A \cap B = B \cap A$
  ② 결합법칙 : $(A \cup B) \cup C = A \cup (B \cup C)$, $(A \cap B) \cap C = A \cap (B \cap C)$
  ③ 분배법칙 : $A \cup (B \cap C) = (A \cup B) \cap (A \cup C)$, $A \cap (B \cup C) = (A \cap B) \cup (A \cap C)$

(2) **드모르간의 법칙** : 전체집합 U의 두 부분집합 A, B에 대하여
  ① $(A \cup B)^C = A^C \cap B^C$ ② $(A \cap B)^C = A^C \cup B^C$

02·4 유한집합의 원소의 개수

원소가 유한개인 전체집합 U의 세 부분집합 A, B, C에 대하여
(1) $n(A \cup B) = n(A) + n(B) - n(A \cap B)$
(2) $n(A^C) = n(U) - n(A)$
(3) $n(A - B) = n(A) - n(A \cap B) = n(A \cup B) - n(B)$

교과서 유형 흐름잡기

유형 1 | 집합의 연산

전체집합 $U=\{x\,|\,1\leq x\leq 12$인 자연수$\}$의 두 부분집합 $A=\{x\,|\,x$는 2의 배수$\}$, $B=\{x\,|\,x$는 12의 약수$\}$에 대하여 다음 중 옳은 것은?

① $A\cap B=\{1,\,2,\,3,\,6\}$
② $(A\cup B)^C=\{5,\,7,\,9,\,11\}$
③ $B^C=\{5,\,7,\,8,\,9,\,10\}$
④ $A-B=\{6,\,8,\,10\}$
⑤ $B-A=\{3\}$

Tip 각각의 집합을 원소나 열법으로 나타낸 후 연산의 뜻에 따라 집합을 구한다.

1-1 숫자

전체집합 $U=\{x\,|\,1\leq x\leq 10,\,x$는 자연수$\}$의 두 부분집합
$$A=\{x\,|\,x는\ 짝수\},\ B=\{x\,|\,x는\ 3의\ 배수\}$$
에 대하여 다음 중 옳은 것은?

① $A\cap B=\{6,\,9\}$
② $(A\cup B)^C=\{1,\,5\}$
③ $B^C=\{1,\,2,\,4,\,5,\,7,\,8\}$
④ $A-B=\{2,\,4,\,6,\,8\}$
⑤ $B-A=\{3,\,9\}$

1-2 표현

세 집합
$$A=\{2,\,3\},$$
$$B=\{x+y\,|\,x\in A,\,y\in A\},$$
$$C=\{xy\,|\,x\in A,\,y\in A\}$$
에 대하여 집합 $A\cup(B\cap C)$의 모든 원소의 합을 구하시오.

유형 2 | 집합의 연산과 벤다이어그램

다음 중 오른쪽 벤다이어그램의 색칠한 부분을 나타내는 집합은?

① $A\cup(B\cap C)$
② $A\cap(B\cup C)$
③ $A\cap(B\cap C^C)$
④ $A\cap(C-B)$
⑤ $A-(B\cap C)$

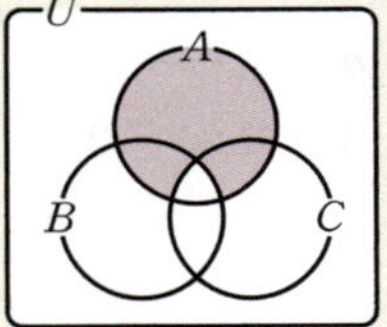

Tip 각 집합을 벤다이어그램으로 나타낸 후, 주어진 벤다이어그램과 비교한다.

2-1 숫자

다음 중 오른쪽 벤다이어그램의 색칠한 부분을 나타내는 집합은?

① $A\cap(B\cap C)$
② $A-(B-C)$
③ $A\cap(B-C)$
④ $B-(A\cap C)$
⑤ $A^C\cap(B\cap C)$

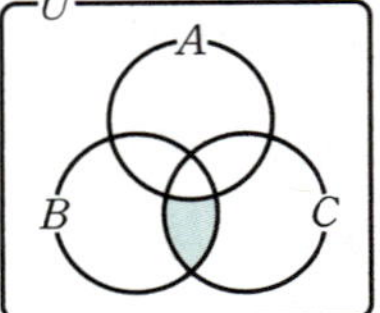

2-2 표현

다음 〈보기〉에서 오른쪽 벤다이어그램의 색칠한 부분을 나타내는 집합인 것만을 있는 대로 고르시오.

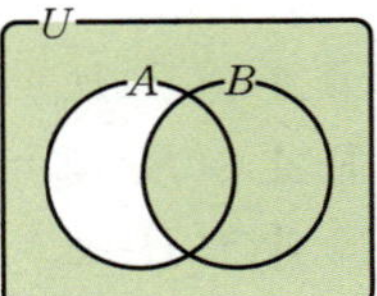

┌ 보기 ┐
ㄱ. $A^C\cup B$　　　　　ㄴ. $A^C\cap B$
ㄷ. $(B-A)^C$　　　　　ㄹ. $U-(A-B)$

전체집합 U의 두 부분집합 A, B에 대하여 $A \subset B$일 때, 다음 중 옳은 것은?

① $A \cup B = A$ ② $A \cap B = B$

③ $A - B = A$ ④ $A^C \subset B^C$

⑤ $B^C - A^C = \varnothing$

Tip 집합 사이의 포함 관계와 집합의 연산의 성질을 이용한다.

3-1 [숫자]

전체집합 U의 두 부분집합 A, B에 대하여 $B \subset A$일 때, 다음 중 옳지 <u>않은</u> 것은?

① $A \cup B = A$ ② $B - A = \varnothing$

③ $(A \cup B) \subset B$ ④ $A \cup B^C = U$

⑤ $A^C \cap B^C = A^C$

3-2 [표현]

전체집합 U의 두 부분집합 A, B에 대하여 다음 중 옳지 <u>않은</u> 것은?

① $A \cap \varnothing = \varnothing$ ② $U \cap A^C = A$

③ $U^C \subset A$ ④ $B \cap (A \cup B) = B$

⑤ $(A \cap B) \subset (A \cup B)$

전체집합 U의 두 부분집합 A, B에 대하여 다음 중 집합 $A - (A - B)$와 항상 같은 집합은?

① $\varnothing$ ② A ③ B

④ $A \cup B$ ⑤ $A \cap B$

Tip 집합의 연산 법칙 또는 드모르간의 법칙을 이용하여 주어진 집합을 간단히 한다.

4-1 [숫자]

전체집합 U의 세 부분집합 A, B, C에 대하여 다음 중 집합 $(A - B) \cup (A - C)$와 항상 같은 집합은?

① $A - (B \cup C)$ ② $A - (B \cap C)$

③ $A - (B - C)$ ④ $A \cap (B \cap C)$

⑤ $A \cap (B - C)$

4-2 [표현]

전체집합 U의 공집합이 아닌 두 부분집합 A, B가
$$\{(A - B) \cup (A \cap B)\} \cap B = A$$
를 만족시킬 때, 다음 중 항상 옳은 것은?

① $A \subset B$ ② $B \subset A$ ③ $A = B$

④ $A \cap B = \varnothing$ ⑤ $A \cup B = U$

유형 **5** | 유한집합의 원소의 개수

전체집합 U의 두 부분집합 A, B에 대하여 $n(A \cap B) = 10$, $n(A) = 27$일 때, $n(A \cap B^C)$의 값은?

① 14　　　　　② 15　　　　　③ 16
④ 17　　　　　⑤ 18

Tip 집합의 연산의 성질과 유한집합의 원소의 개수를 구하는 공식을 이용한다.

5-1 [숫자]

전체집합 U의 두 부분집합 A, B에 대하여 $n(A \cap B) = 24$, $n(B) = 32$일 때, $n(A^C \cap B)$의 값을 구하시오.

5-2 [표현]

전체집합 U의 두 부분집합 A, B에 대하여 $n(U) = 60$, $n(A \cap B) = 16$, $n(A^C \cap B^C) = 34$일 때, $n(A) + n(B)$의 값을 구하시오.

유형 **6** | 유한집합의 원소의 개수의 활용

어느 시험에서 A문제를 푼 학생은 18명, B문제를 푼 학생은 20명, A문제 또는 B문제를 푼 학생은 27명일 때, A문제와 B문제를 모두 푼 학생 수는?

① 8　　　　　② 9　　　　　③ 10
④ 11　　　　　⑤ 12

Tip 문제에서 주어진 조건을 집합의 원소의 개수를 이용하여 나타내 본다.

6-1 [숫자]

어느 고등학교에서 방과 후 수업으로 영어를 신청한 학생은 23명, 수학을 신청한 학생은 25명, 영어 또는 수학을 신청한 학생은 33명이었다. 영어와 수학을 모두 신청한 학생 수를 구하시오.

6-2 [표현]

어느 학교 학생 100명 중 축구를 좋아하는 학생은 47명, 야구를 좋아하는 학생은 65명, 축구와 야구를 모두 좋아하는 학생은 30명일 때, 축구와 야구 중 어느 것도 좋아하지 않는 학생 수를 구하시오.

교과서 문제 정복하기

01

전체집합 $U=\{x\,|\,x$는 10 이하의 자연수$\}$의 두 부분집합 $A=\{x\,|\,x$는 9의 약수$\}$, $B=\{2,\ 3,\ 5,\ 7\}$에 대하여 다음 중 옳은 것은?

① $A\cap B=\{1,\ 3\}$
② $A\cup B=\{1,\ 2,\ 3,\ 5,\ 7,\ 9\}$
③ $B-A=\{1,\ 9\}$
④ $A-B=\{2,\ 5,\ 7\}$
⑤ $A^{C}=\{2,\ 4,\ 5,\ 6,\ 7,\ 8\}$

02

다음 중 집합 $\{2,\ 4,\ 6,\ 8\}$과 서로소인 것은?

① $\{x\,|\,x$는 자연수$\}$
② $\{x\,|\,x$는 소수$\}$
③ $\{x\,|\,x$는 26의 양의 약수$\}$
④ $\{x\,|\,x^2+10x+16=0\}$
⑤ $\{x\,|\,0\le x\le 2\}$

03

다음 중 오른쪽 벤다이어그램의 색칠한 부분을 나타내는 집합은?

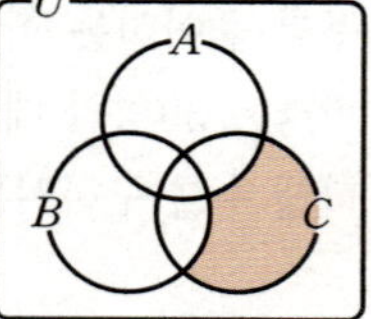

① $(B-A)\cup C$
② $C-(A\cap B)$
③ $C-(A\cup B)$
④ $(A\cup B)\cap C$
⑤ $A\cap(B\cap C)^{C}$

04

전체집합 $U=\{x\,|\,x$는 12의 양의 약수$\}$의 두 부분집합 A, B에 대하여 $A-B=\{1,\ 4\}$, $B-A=\{3\}$, $(A\cup B)^{C}=\{2\}$일 때, 집합 A의 모든 원소의 합은?

① 21 ② 23 ③ 25
④ 27 ⑤ 29

★ 05

두 집합 $A=\{0,\ 1,\ 3a+5\}$, $B=\{-4,\ b,\ 2b-3\}$에 대하여 $A\cap B=\{1,\ 2\}$일 때, $a+b$의 값은?

(단, a, b는 실수이다.)

① -2 ② -1 ③ 0
④ 1 ⑤ 2

06

공집합이 아닌 두 집합
$$A=\{x\,|\,1\le x<-2a\},\quad B=\{x\,|\,a<x<8\}$$
에 대하여 $A\cap B=A$를 만족시키는 정수 a의 개수를 구하시오. $\left(\text{단},\ a<-\dfrac{1}{2}\right)$

07

전체집합 U의 공집합이 아닌 두 부분집합 A, B가 $(A\cap B^{C})\cup(B-A)=\varnothing$을 만족시킬 때, 다음 중 항상 옳은 것은?

① $A=B$ ② $A\cap B=\varnothing$ ③ $A\cap B=U$
④ $A\cup B=\varnothing$ ⑤ $A\cup B=U$

08

두 집합 $A=\{1, 2, 3, 4\}$, $B=\{3, 4, 5, 6\}$에 대하여
$(A\cup B)\cap X=X$, $(A-B)\cup X=X$를 만족시키는 집합 X의 개수는?

① 4   ② 8   ③ 12
④ 16   ⑤ 32

09   좋은책 신사고 변형

다음은 전체집합 U의 두 부분집합 A, B에 대하여
$A\cup(A\cap B)^C=U$가 성립함을 보이는 과정이다. 이때 (개),
(내)에 사용된 집합의 연산 법칙을 차례로 나열한 것은?

$$A\cup(A\cap B)^C$$
$$=A\cup(A^C\cup B^C) \quad \text{(가)}$$
$$=(A\cup A^C)\cup B^C \quad \text{(나)}$$
$$=U\cup B^C \quad \text{여집합의 성질}$$
$$=U$$

① 드모르간의 법칙, 교환법칙
② 드모르간의 법칙, 결합법칙
③ 드모르간의 법칙, 분배법칙
④ 교환법칙, 드모르간의 법칙
⑤ 결합법칙, 드모르간의 법칙

10

전체집합 $U=\{1, 2, 3, 4, 5, 6\}$의 두 부분집합
$A=\{2, 3\}$, $B=\{3, 4, 6\}$에 대하여 집합
$(A\cup B)-(A^C\cup B^C)^C$의 모든 원소의 곱은?

① 12   ② 24   ③ 36
④ 48   ⑤ 60

11   동아출판 변형

다음은 지유가 차집합의 원소의 개수를 구한 것이다. 지유의
풀이 중 처음으로 잘못된 부분은?

> 두 집합 $A=\{x\,|\,x$는 18의 양의 약수$\}$,
> $B=\{x\,|\,x$는 14의 양의 약수$\}$에서
>   ① $A=\{1, 2, 3, 6, 9, 18\}$,
>   ② $B=\{1, 2, 7, 14\}$
> 이므로 ③ $n(A)=6$, ④ $n(B)=4$
> 따라서 ⑤ $n(A-B)=n(A)-n(B)=2$이다.

★
12

전체집합 U의 두 부분집합 A, B에 대하여 $n(U)=30$,
$n(A-B)=10$, $n(A^C\cap B^C)=6$일 때, $n(B)$는?

① 6   ② 10   ③ 14
④ 18   ⑤ 24

13

전체집합 U의 두 부분집합 A, B에 대하여 $n(U)=40$,
$n(A)=24$, $n(B)=20$일 때, $n(A\cap B)$의 최댓값과 최솟
값의 합을 구하시오.

14

1반 전체 학생 중에 안경을 쓴 학생은 25명, 머리를 묶은 학
생은 9명, 안경을 쓰고 머리를 묶은 학생은 8명이고, 안경도
쓰지 않고 머리도 묶지 않은 학생은 4명이었을 때, 1반 전체
학생 수는?

① 27   ② 28   ③ 29
④ 30   ⑤ 31

03 명제

03·1 명제와 조건

(1) **명제** : 참 또는 거짓을 명확하게 판별할 수 있는 문장이나 식
(2) **조건** : 변수를 포함하는 문장이나 식 중에서 변수의 값에 따라 참, 거짓을 판별할 수 있는 것
(3) **진리집합** : 전체집합 U의 원소 중에서 조건을 참이 되게 하는 모든 원소의 집합
(4) **부정** : 명제 또는 조건 p에 대하여 'p가 아니다.' $\Rightarrow$ $\sim p$

03·2 명제 $p \longrightarrow q$의 참, 거짓

(1) **명제 $p \longrightarrow q$** : 명제 'p이면 q이다.'를 기호로 $p \longrightarrow q$와 같이 나타내고, p를 가정, q를 결론이라 한다.
(2) **명제 $p \longrightarrow q$의 참, 거짓** : 두 조건 p, q의 진리집합을 각각 P, Q라 할 때
　① $P \subset Q$이면 명제 $p \longrightarrow q$는 참　　　② $P \not\subset Q$이면 명제 $p \longrightarrow q$는 거짓
(3) **'모든'이나 '어떤'을 포함한 명제의 참, 거짓** : 전체집합 U에 대하여 조건 p의 진리집합을 P라 할 때
　① 명제 '모든 x에 대하여 p이다.' $\Rightarrow$ $P=U$이면 참, $P \neq U$이면 거짓
　② 명제 '어떤 x에 대하여 p이다.' $\Rightarrow$ $P \neq \varnothing$이면 참, $P = \varnothing$이면 거짓

03·3 명제의 역과 대우

(1) **명제의 역과 대우** : 명제 $p \longrightarrow q$에서
　① 역 : $q \longrightarrow p$　　　　　② 대우 : $\sim q \longrightarrow \sim p$
(2) **명제의 증명**
　① 대우를 이용한 명제의 증명 : 어떤 명제가 참임을 증명할 때에는 그 대우가 참임을 보여 증명할 수 있다.
　② 귀류법 : 명제 또는 그 명제의 결론을 부정하면 모순이 생기는 것을 보여 명제가 참임을 증명하는 방법

03·4 충분조건과 필요조건

(1) 명제 $p \longrightarrow q$가 참일 때, 이것을 기호로 $p \Longrightarrow q$와 같이 나타내고
　p는 q이기 위한 충분조건, q는 p이기 위한 필요조건이라 한다.
(2) $p \Longrightarrow q$이고 $q \Longrightarrow p$일 때, 이것을 기호로 $p \Longleftrightarrow q$와 같이 나타내고
　p는 q이기 위한 필요충분조건이라 한다.

03·5 절대부등식

(1) **절대부등식** : 전체집합에 속한 모든 값에 대하여 성립하는 부등식
(2) **여러 가지 절대부등식**
　① $a>0$, $b>0$일 때, $\dfrac{a+b}{2} \geq \sqrt{ab}$ (단, 등호는 $a=b$일 때 성립)
　② a, b, x, y가 실수일 때, $(a^2+b^2)(x^2+y^2) \geq (ax+by)^2 \left(\text{단, 등호는 } \dfrac{x}{a} = \dfrac{y}{b} \text{일 때 성립}\right)$

개념 플러스

➕ **명제 p와 $\sim p$의 참, 거짓**
명제 p가 참이면 $\sim p$는 거짓이고, 명제 p가 거짓이면 $\sim p$는 참이다.

➕ **$\sim p$의 진리집합**
조건 p의 진리집합을 P라 하면 $\sim p$의 진리집합은 P^C이다.

조건	부정
p 또는 q	$\sim p$ 그리고 $\sim q$
p 그리고 q	$\sim p$ 또는 $\sim q$

➕ **반례**
명제가 거짓임을 보이는 예를 반례라 한다.

➕ **'모든'이나 '어떤'을 포함한 명제의 부정**
① 명제 '모든 x에 대하여 p이다.'의 부정
　$\Rightarrow$ '어떤 x에 대하여 $\sim p$이다.'
② 명제 '어떤 x에 대하여 p이다.'의 부정
　$\Rightarrow$ '모든 x에 대하여 $\sim p$이다.'

➕ **명제와 그 대우의 참, 거짓**
명제 $p \longrightarrow q$의 참, 거짓과 그 대우 $\sim q \longrightarrow \sim p$의 참, 거짓은 일치한다.

➕ 두 조건 p, q의 진리집합을 각각 P, Q라 할 때
① $p \Longrightarrow q$이면 $P \subset Q$
② $p \Longleftrightarrow q$이면 $P = Q$

➕ **절대부등식의 증명에 이용되는 실수의 성질**
a, b가 실수일 때
① $a>b \Longleftrightarrow a-b>0$
② $a^2 \geq 0$, $a^2+b^2 \geq 0$
③ $a^2+b^2=0 \Longleftrightarrow a=b=0$
④ $|a|^2=a^2$, $|ab|=|a||b|$
⑤ $a>0$, $b>0$일 때, $a>b \Longleftrightarrow a^2>b^2$

교과서 유형 흐름잡기

유형 1 | 조건의 진리집합

전체집합 $U = \{x \,|\, x$는 8 이하의 자연수$\}$에 대하여 두 조건 p, q가

$$p : x는 짝수이다., \quad q : x는 소수이다.$$

일 때, 조건 'p 또는 $\sim q$'의 진리집합은?

① $\{4, 6, 8\}$ ② $\{2, 4, 6, 8\}$ ③ $\{3, 4, 6, 7\}$

④ $\{1, 2, 4, 6, 8\}$ ⑤ $\{2, 3, 4, 6, 7\}$

Point 두 조건 p, q의 진리집합을 각각 P, Q라 할 때
(1) $\sim p$의 진리집합 : P^C
(2) p 또는 q의 진리집합 : $P \cup Q$
(3) p 그리고 q의 진리집합 : $P \cap Q$

1-1 (숫자)

전체집합 $U = \{1, 2, 3, \cdots, 9\}$에 대하여 두 조건 p, q가

$$p : x는 6의 약수이다., \quad q : x는 4의 배수이다.$$

일 때, 조건 '$\sim p$이고 q'의 진리집합을 구하시오.

1-2 (표현)

전체집합 $U = \{0, 1, 2, 3, 4, 5\}$에 대하여 두 조건 p, q가

$$p : 0 \le x \le 4, \quad q : x^2 - x = 0$$

이다. 두 조건 p, q의 진리집합을 각각 P, Q라 할 때, 집합 $P \cap Q^C$의 모든 원소의 합을 구하시오.

★ 유형 2 | 명제 $p \longrightarrow q$의 참, 거짓

다음 중 참인 명제는?

① x가 소수이면 x는 홀수이다.
② n이 짝수이면 n은 4의 배수이다.
③ $x^2 = 1$이면 $x = 1$이다.
④ $x = 2$이면 $x^2 - x - 2 = 0$이다.
⑤ 평행사변형은 직사각형이다.

Point 명제 $p \longrightarrow q$의 참, 거짓은 두 조건 p, q의 진리집합 사이의 포함 관계를 이용하여 판별하고 거짓인 명제는 반례를 찾아 거짓임을 보인다.

2-1 (숫자)

다음 중 참인 명제는?

① x가 5의 약수이면 x는 소수이다.
② n이 3의 배수이면 n은 6의 배수이다.
③ $x^2 \ge 4$이면 $x \ge 2$이다.
④ $x = 1$이면 $3x - 1 = 4$이다.
⑤ 정삼각형은 이등변삼각형이다.

2-2 (표현)

다음 〈보기〉에서 두 조건 p, q에 대하여 명제 $p \longrightarrow q$가 거짓인 것만을 있는 대로 고르시오.

→ 보기 ←

ㄱ. $p : x$는 6의 배수이다. $q : x$는 8의 배수이다.
ㄴ. $p : -2 < x < 1$ $q : -2 \le x \le 2$
ㄷ. $p : x + y = 2$ $q : x > 1, \ y > 1$

두 조건 $p: -1<x\le2$, $q: -3<x-a<3$에 대하여 명제 $p \longrightarrow q$가 참이 되도록 하는 정수 a의 최댓값을 M, 최솟값을 m이라 할 때, $M+m$의 값은?

① 0   ② 1   ③ 2

④ 3   ⑤ 4

Point 두 조건 p, q의 진리집합을 각각 P, Q라 할 때, 명제 $p \longrightarrow q$가 참이면 $P \subset Q$이다.

3-1 〔숫자〕

두 조건

$$p: -3<2x-1<5, \quad q: a\le x\le b$$

에 대하여 명제 $p \longrightarrow q$가 참이 되도록 하는 실수 a의 최댓값을 M, 실수 b의 최솟값을 m이라 할 때, Mm의 값을 구하시오.

3-2 〔표현〕

명제 '$x\ge1$이면 $3x+a<4x-2a$이다.'가 참이 되도록 하는 실수 a의 값의 범위는?

① $a>-\dfrac{1}{3}$ ② $a\ge-\dfrac{1}{3}$ ③ $a<\dfrac{1}{3}$

④ $a\le\dfrac{1}{3}$ ⑤ $a>\dfrac{1}{3}$

세 조건 p, q, r에 대하여 두 명제 $p \longrightarrow q$, $q \longrightarrow \sim r$가 모두 참일 때, 다음 명제 중 반드시 참이라고 할 수 <u>없는</u> 것은?

① $p \longrightarrow \sim r$ ② $r \longrightarrow \sim p$ ③ $r \longrightarrow \sim q$

④ $\sim p \longrightarrow r$ ⑤ $\sim q \longrightarrow \sim p$

Point 세 조건 p, q, r에 대하여 두 명제 $p \longrightarrow q$, $q \longrightarrow r$가 참이면 명제 $p \longrightarrow r$가 참이다.

4-1 〔숫자〕

세 조건 p, q, r에 대하여 두 명제 $p \longrightarrow \sim q$, $\sim r \longrightarrow q$가 모두 참일 때, 다음 명제 중 반드시 참이라고 할 수 <u>없는</u> 것은?

① $p \longrightarrow q$ ② $p \longrightarrow r$ ③ $q \longrightarrow \sim p$

④ $\sim q \longrightarrow r$ ⑤ $\sim r \longrightarrow \sim p$

4-2 〔표현〕

전체집합 U에 대하여 세 조건 p, q, r의 진리집합을 각각 P, Q, R라 할 때, $P \subset R$, $R \subset Q$가 성립한다. 〈보기〉에서 참인 명제만을 있는 대로 고르시오.

> **보기**
>
> ㄱ. $p \longrightarrow q$ ㄴ. $p \longrightarrow r$
>
> ㄷ. $\sim q \longrightarrow \sim p$ ㄹ. $\sim r \longrightarrow q$

유형 5 | 충분조건과 필요조건

다음 □ 안에 알맞은 것을 차례로 나열한 것은? (단, x, y는 실수이고, A, B는 집합이다.)

- $|x|+|y|=0$은 $x=0$ 또는 $y=0$이기 위한 □□□ 조건이다.
- $A \cap B = A$는 $A = B$이기 위한 □□□ 조건이다.

① 충분, 충분　② 충분, 필요　③ 필요, 충분

④ 필요, 필요　⑤ 충분, 필요충분

Point 두 조건 p, q에 대하여

(1) $p \Longrightarrow q$
⇨ p는 q이기 위한 **충분조건**
⇨ q는 p이기 위한 **필요조건**

(2) $p \Longleftrightarrow q$
⇨ p는 q이기 위한 **필요충분 조건**

5-1 (숫자)

다음 □ 안에 알맞은 것을 써넣으시오.

(단, x, y는 실수이고, A, B는 집합이다.)

(1) $x^2+y^2=0$은 $xy=0$이기 위한 □□□ 조건이다.

(2) $A \subset B$는 $A - B = \varnothing$이기 위한 □□□ 조건이다.

5-2 (표현)

두 조건 p, q에 대하여 다음 중 p가 q이기 위한 필요조건이지만 충분조건은 아닌 것은? (단, x, y, z는 실수이다.)

① $p : x=2$, $q : x^2=4$　② $p : x=0$, $q : |x|<1$

③ $p : x^2>0$, $q : x>0$　④ $p : x=y$, $q : x+z=y+z$

⑤ $p : x=y=z$, $q : (x-y)(y-z)=0$

유형 6 | 절대부등식의 증명

다음은 $a>0$, $b>0$일 때, 부등식 $\dfrac{a+b}{2} \geq \sqrt{ab}$ 가 성립함을 증명하는 과정이다. ㈎, ㈏, ㈐ 에 알맞은 것을 써넣으시오.

$a>0$, $b>0$이므로

$$\frac{a+b}{2} - \boxed{㈎} = \frac{(\sqrt{a})^2 - 2\sqrt{a}\sqrt{b} + (\boxed{㈏})^2}{2} = \frac{(\sqrt{a} - \boxed{㈏})^2}{2} \geq 0$$

따라서 $\dfrac{a+b}{2} \geq \sqrt{ab}$이다. (단, 등호는 $\boxed{㈐}$ 일 때 성립)

Tip 부등식 $A \geq B$를 증명할 때는 다음 세 가지 방법 중 적절한 것을 이용한다.

① $A - B \geq 0$

② $A^2 - B^2 \geq 0$
(단, $A \geq 0$, $B \geq 0$)

③ $\dfrac{A}{B} \geq 1$ (단, $B>0$)

6-1 (숫자)

다음은 a, b가 실수일 때, 부등식 $a^2+b^2 \geq -ab$가 성립함을 증명하는 과정이다. ㈎, ㈏, ㈐에 알맞은 것을 써넣으시오.

$$a^2 + b^2 + \boxed{㈎} = \left(a + \frac{1}{2}b\right)^2 + \boxed{㈏}$$

a, b가 실수이므로 $\left(a + \dfrac{1}{2}b\right)^2 \geq 0$, $\boxed{㈏} \geq 0$

따라서 $\left(a + \dfrac{1}{2}b\right)^2 + \boxed{㈏} \geq 0$이므로

$a^2 + b^2 \geq -ab$ (단, 등호는 $\boxed{㈐}$ 일 때 성립)

6-2 (표현)

$a>0$, $b>0$일 때, 부등식 $\sqrt{a}+\sqrt{b} > \sqrt{a+b}$ 가 성립함을 증명하시오.

01

다음 〈보기〉에서 명제인 것만을 있는 대로 고른 것은?

→ 보기 ←

ㄱ. $1+1=1$ ㄴ. 귤은 맛있다.

ㄷ. 1000은 큰 수이다.   ㄹ. $2x+x=3x$

---

① ㄱ, ㄴ   ② ㄱ, ㄹ   ③ ㄴ, ㄷ
④ ㄴ, ㄹ   ⑤ ㄱ, ㄷ, ㄹ

02   천재교과서 변형

다음은 어느 놀이 기구의 안내문이다. 이 안내문에서 탑승 조건의 부정은?

① 키 120 cm 이상이고 8세 이상
② 키 120 cm 이하 또는 8세 이하
③ 키 120 cm 이하이고 8세 이하
④ 키 120 cm 미만 또는 8세 미만
⑤ 키 120 cm 미만이고 8세 미만

03

전체집합 $U=\{1, 2, 3, 4, 5, 6\}$에 대하여 두 조건 p, q가

$$p : 1 \leq x \leq 5, \quad q : x^2-6x+5=0$$

일 때, 조건 'p이고 q'의 진리집합의 모든 원소의 합을 구하시오.

04

다음 중 거짓인 명제는?

① 2와 5의 공배수는 10의 배수이다.
② 두 짝수의 합은 짝수이다.
③ 소수 a에 대하여 a^2의 약수는 3개이다.
④ $x=1$이면 $x^2+2x-3=0$이다.
⑤ 두 실수 x, y에 대하여 $xy>0$이면 $x+y>0$이다.

05

전체집합 U에 대하여 두 조건 p, q의 진리집합을 각각 P, Q라 하자. 명제 $p \longrightarrow q$가 참일 때, 다음 중 항상 옳은 것은?

① $Q \subset P$ ② $P \cap Q=\varnothing$ ③ $P \cup Q=U$
④ $P^C \cap Q=\varnothing$ ⑤ $P^C \cup Q=U$

06

전체집합 $U=\{x \,|\, x$는 5 미만의 자연수$\}$에 대하여 다음 중 참인 명제를 모두 고르면? (정답 2개)

① 모든 x에 대하여 $2x \leq 10$이다.
② 어떤 x에 대하여 $x-1>3$이다.
③ 모든 x에 대하여 $x^2<25$이다.
④ 어떤 x에 대하여 $|x|>x$이다.
⑤ 모든 x에 대하여 $1<x<5$이다.

★ 07

다음 명제 중 그 역과 대우가 모두 참인 것은?

① 삼각형 ABC가 정삼각형이면 $\overline{AB}=\overline{AC}$이다.
② 두 직사각형의 넓이가 같으면 두 직사각형은 합동이다.
③ 두 실수 x, y에 대하여 $xy>0$이면 $x>0$이고 $y>0$이다.
④ 두 삼각형 ABC와 DEF가 서로 합동이면 두 삼각형 ABC와 DEF는 서로 닮음이다.
⑤ 두 집합 A, B에 대하여 $A \subset B$이면 $A \cup B=B$이다.

08

두 조건 p, q가
$$p : x^2+ax+2\neq 0, \quad q : x-1\neq 0$$
일 때, 명제 $p \longrightarrow q$가 참이 되기 위한 상수 a의 값은?

① -3 ② -2 ③ -1
④ 1 ⑤ 2

09 교학사, 비상교육 변형

다음 그림과 같이 한쪽 면에는 숫자가 적혀 있고, 다른 쪽 면에는 호랑이 또는 토끼 그림이 있는 네 장의 카드 A, B, C, D가 있다. 명제 '홀수가 적힌 카드의 뒷면에는 토끼 그림이 있다.'가 참인지 확인하려고 할 때, 반드시 뒷면을 확인할 필요가 있는 카드를 모두 고르시오.

10

다음은 귀류법을 이용하여 $\sqrt{2}$가 무리수임을 증명하는 과정이다. ㈎, ㈏, ㈐에 알맞은 것을 써넣으시오.

$\sqrt{2}$를 ☐㈎ 라 하면

$\sqrt{2}=\dfrac{n}{m}$ (m, n은 서로소인 자연수)

으로 나타낼 수 있다. 양변을 제곱하여 정리하면

$n^2=$ ☐㈏ ······ ㉠

이때 n^2은 2의 배수이므로 n도 ☐㈐ 의 배수이다.

$n=2k$ (k는 자연수)로 놓고 ㉠에 대입하여 정리하면

$m^2=2k^2$

여기서 m^2이 ☐㈐ 의 배수이므로 m도 ☐㈐ 의 배수이다.

따라서 m, n이 모두 ☐㈐ 의 배수가 되어 m, n이 서로소라는 가정에 모순이므로 $\sqrt{2}$는 무리수이다.

11

두 조건 p, q에 대하여 다음 중 p가 q이기 위한 충분조건이지만 필요조건은 아닌 것은? (단, x, y는 실수이다.)

① $p : xy\neq 0$ $\qquad q : x\neq 0$이고 $y\neq 0$
② $p : x^2+y^2=0$ $\qquad q : xy=0$
③ $p : x+y=0$ $\qquad q : x=0$이고 $y=0$
④ $p : x^2=y^2$ $\qquad q : x=y$
⑤ $p : xy=|xy|$ $\qquad q : x>0$이고 $y>0$

12

세 조건 p, q, r에 대하여 r는 p이기 위한 충분조건이고 $\sim q$는 p이기 위한 필요조건일 때, 〈보기〉에서 참인 명제만을 있는 대로 고른 것은?

> **보기**
> ㄱ. $p \longrightarrow q$ ㄴ. $\sim p \longrightarrow \sim r$
> ㄷ. $q \longrightarrow r$ ㄹ. $r \longrightarrow \sim q$

① ㄱ, ㄴ ② ㄱ, ㄹ ③ ㄴ, ㄷ
④ ㄴ, ㄹ ⑤ ㄷ, ㄹ

★ 13

두 조건 p, q가
$$p : x<a, \quad q : -3<x<4$$
일 때, p가 q이기 위한 필요조건이 되도록 하는 실수 a의 최솟값을 구하시오.

14

$a>2$일 때, $a+\dfrac{1}{a-2}$의 최솟값을 구하시오.

01

다음 중 집합이 <u>아닌</u> 것은?

① 세계 문화 유산의 모임
② 2에 가까운 수의 모임
③ 0보다 작은 무리수의 모임
④ 18의 약수 중 홀수의 모임
⑤ $-1<x<0$인 정수의 모임

02

세 집합

$$A=\{x\,|\,x^2-7x+6=0\},$$
$$B=\{x\,|\,x^4-5x^2+4=0\},$$
$$C=\{x\,|\,x^2<0,\ x는\ 실수\}$$

에 대하여 다음 중 옳은 것은?

① $6\notin A$ ② $3\in A$ ③ $-2\notin B$
④ $1\in B$ ⑤ $0\in C$

03

집합 $A=\{\varnothing,\ \{\varnothing\}\}$에 대하여 〈보기〉에서 옳은 것의 개수를 구하시오.

> **보기**
>
> ㄱ. $\varnothing\in A$ ㄴ. $\varnothing\subset A$
> ㄷ. $\{\varnothing\}\in A$ ㄹ. $\{\{\varnothing\}\}\subset A$

04

전체집합 $U=\{1,\ 2,\ 3,\ 4,\ 5\}$의 두 부분집합

$$A=\{2,\ 3\},\ B=\{1,\ 2,\ 5\}$$

에 대하여 집합 $A-B^C$는?

① $\{2\}$ ② $\{4\}$ ③ $\{1,\ 5\}$
④ $\{1,\ 3,\ 5\}$ ⑤ $\{1,\ 2,\ 3,\ 5\}$

05

두 집합 $A=\{2,\ 4,\ 6,\ a+2b\}$, $B=\{2,\ 5,\ a+b\}$에 대하여 $A-B=\{6\}$일 때, ab의 값은? (단, a, b는 상수이다.)

① 2   ② 3   ③ 4
④ 5   ⑤ 6

06

전체집합 U의 두 부분집합 A, B에 대하여 다음 중 옳지 <u>않은</u> 것은?

① $A^C=U-A$ ② $(\varnothing^C)^C=\varnothing$
③ $A\cup A^C=U$ ④ $A\cap A^C=\varnothing$
⑤ $A-B=A^C\cap B$

07

두 집합

$$A=\{1,\ 3,\ 5,\ 7,\ 9\},\ B=\{5,\ 6,\ 7,\ 8,\ 9\}$$

에 대하여 $A\cap X=X$, $(A\cap B)\cup X=X$를 만족시키는 집합 X의 개수를 구하시오.

08

전체집합 U의 두 부분집합 A, B에 대하여 다음 중 집합 $A\cap\{(A^C\cap B)\cup A\}$와 항상 같은 집합은?

① $\varnothing$ ② A ③ B
④ $A\cap B$ ⑤ $A\cup B$

09

두 집합 A, B가 서로소이고 $n(A)=17$, $n(B)=9$일 때, $n(A \cup B)$의 값을 구하시오.

10

어느 학교 학생 100명 중에서 CD 플레이어를 갖고 있는 학생은 60명, MP3 플레이어를 갖고 있는 학생은 65명이다. CD 플레이어와 MP3 플레이어를 모두 갖고 있는 학생을 k명이라 할 때, k의 최댓값과 최솟값의 합은?

① 82　　　　② 85　　　　③ 88
④ 91　　　　⑤ 94

11

다음 〈보기〉에서 명제인 것이 a개, 조건인 것이 b개일 때, $a-b$의 값을 구하시오.

> ▶ 보기 ◀
> ㄱ. $2x-1=5$
> ㄴ. $x^2+2x+1 \geq 0$
> ㄷ. 선생님의 목소리는 크다.
> ㄹ. $(x-1)(x-5)=0$
> ㅁ. 0은 자연수이다.
> ㅂ. $x+2$는 짝수이다.

12

실수 a, b에 대하여 조건 '$|a|+|b|=0$'의 부정과 서로 같은 것은?

① $a=0$ 또는 $b=0$　　　② $a=0$이고 $b=0$
③ $a \neq 0$ 또는 $b \neq 0$　　　④ $a=0$이고 $b \neq 0$
⑤ $a \neq 0$이고 $b=0$

13

두 조건 p, q가

　　$p : x<a$, $q : -1<x<0$ 또는 $2 \leq x \leq 3$

일 때, 명제 $p \longrightarrow q$의 역이 참이 되기 위한 정수 a의 최솟값은?

① 3　　　　② 4　　　　③ 5
④ 6　　　　⑤ 7

14

전체집합 U의 두 부분집합 A, B에 대하여 다음 중 A, B가 서로소이기 위한 필요충분조건이 <u>아닌</u> 것은?

（단, A, B는 공집합이 아니다.）

① $A \cup B=U$　　　　② $A \cap B=\varnothing$
③ $A-B=A$　　　　④ $B \subset A^C$
⑤ $A-B^C=\varnothing$

15

다음은 $a>0$, $b>0$일 때, 명제 '$a>b$이면 $a^2>b^2$이다.'가 성립함을 증명하는 과정이다.

> $a>b$이면 　$(가)$　>0　　　……　㉠
> $a>0$, $b>0$이므로 　$(나)$　>0　　　……　㉡
> ㉠, ㉡에 의하여
> $a^2-b^2=(a-b)(a+b)>0$
> 이므로 $a^2>b^2$이다.

$(가)$, $(나)$에 알맞은 식을 각각 A, B라 할 때, $A+B$는?

① a　　　　② b　　　　③ $2a$
④ $2b$　　　　⑤ $2a+2b$

되짚어 보기

01 다음 문장에서 y를 x에 대한 식으로 나타내시오.

(1) 가로의 길이가 5 cm, 세로의 길이가 x cm인 직사각형의 넓이는 y cm²이다.

(2) 13 km를 시속 x km로 달릴 때 걸리는 시간은 y시간이다.

02 다음을 계산하시오.

(1) $x^2-2x-(x-x^2)$

(2) $x(3x-1)-2x(x+1)$

(3) $(x^2-3x) \div \dfrac{1}{3}x$

(4) $3x-\dfrac{6x^2-4x}{2x}$

03 다음 함수 $f(x)$에 대하여 $f(2)$의 값을 구하시오.

(1) $f(x)=2x+1$

(2) $f(x)=x^2-3x+2$

04 다음을 계산하시오.

(1) $\dfrac{2}{\sqrt{5}-\sqrt{3}}$

(2) $\dfrac{1}{\sqrt{2}-1}+\dfrac{1}{\sqrt{2}+1}$

05 다음 방정식이 나타내는 도형을 x축의 방향으로 -1만큼, y축의 방향으로 2만큼 평행이동한 도형의 방정식을 구하시오.

(1) $x-3y+1=0$

(2) $y=2x^2$

Ⅱ

함수

<table>
<tr><td>

배운 내용

중학교 1학년
▶ 좌표평면과 그래프

중학교 2학년
▶ 식의 계산
▶ 일차함수와 그래프

중학교 3학년
▶ 제곱근과 실수
▶ 이차함수와 그래프

수학
▶ 도형의 이동

</td><td>

학습 내용

04 함수

05 유리함수

06 무리함수

</td><td>

배울 내용

수학 Ⅰ
▶ 지수함수와 로그함수
▶ 삼각함수

수학 Ⅱ
▶ 함수의 극한과 연속
▶ 미분
▶ 적분

</td></tr>
</table>

04 함수

04·1 함수

(1) **함수** : 두 집합 X, Y에 대하여 X의 각 원소에 Y의 원소가 오직 하나씩 대응할 때, 이 대응을 X에서 Y로의 함수라 하며, 기호로 $f : X \longrightarrow Y$와 같이 나타낸다.

(2) **서로 같은 함수** : 두 함수 $f : X \longrightarrow Y$, $g : X \longrightarrow Y$에서 정의역의 모든 원소 x에 대하여 $f(x)=g(x)$일 때, 두 함수 f와 g는 서로 같다고 하며, 기호로 $f=g$와 같이 나타낸다.

(3) **함수의 그래프** : 함수 $f : X \longrightarrow Y$에서 정의역 X의 원소 x와 이에 대응하는 함숫값 $f(x)$의 순서쌍 $(x, f(x))$ 전체의 집합 $\{(x, f(x)) \,|\, x \in X\}$를 함수 f의 그래프라 한다.

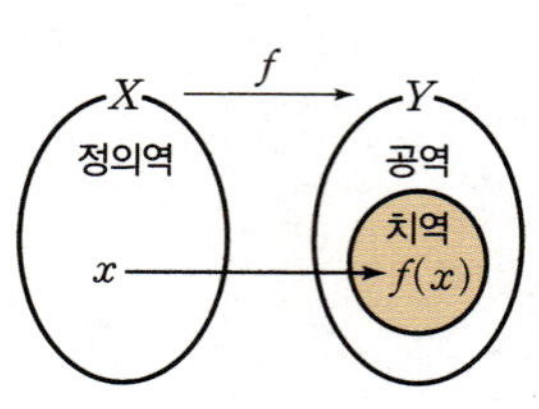

04·2 여러 가지 함수

(1) **일대일함수** : 함수 $f : X \longrightarrow Y$에서 정의역 X의 원소 x_1, x_2에 대하여 $x_1 \neq x_2$이면 $f(x_1) \neq f(x_2)$가 성립하는 함수

(2) **일대일대응** : 함수 $f : X \longrightarrow Y$가 일대일함수이고 치역과 공역이 같은 함수

(3) **항등함수** : 함수 $f : X \longrightarrow X$에서 정의역 X의 각 원소 x에 그 자신 x가 대응하는 함수, 즉 $f(x)=x$인 함수

(4) **상수함수** : 함수 $f : X \longrightarrow Y$에서 정의역 X의 모든 원소 x에 공역 Y의 단 하나의 원소 c가 대응하는 함수, 즉 $f(x)=c$인 함수

04·3 합성함수

(1) **합성함수** : 두 함수 $f : X \longrightarrow Y$, $g : Y \longrightarrow Z$의 합성함수 $g \circ f$는
$$g \circ f : X \longrightarrow Z, \ (g \circ f)(x)=g(f(x))$$

(2) **합성함수의 성질** : 세 함수 f, g, h에 대하여
① $g \circ f \neq f \circ g$
② $(h \circ g) \circ f = h \circ (g \circ f)$
③ $f : X \longrightarrow X$일 때, $f \circ I = I \circ f = f$ (단, I는 X에서의 항등함수)

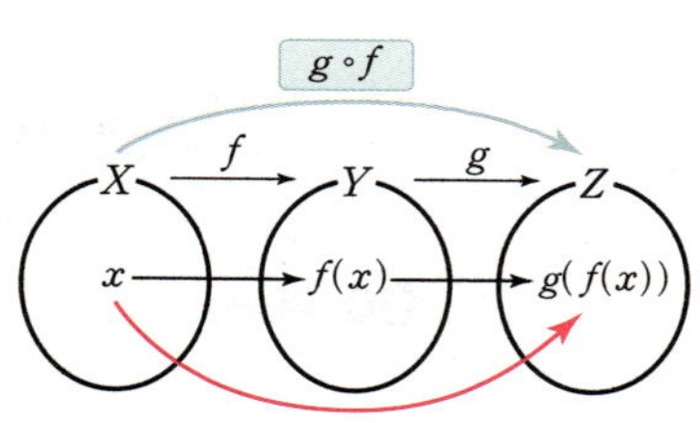

04·4 역함수

(1) **역함수** : 함수 $f : X \longrightarrow Y$가 일대일대응일 때, Y의 각 원소 y에 대하여 $f(x)=y$인 X의 원소 x를 대응시키는 함수를 f의 역함수라 하며, 기호로 f^{-1}와 같이 나타낸다.

(2) **역함수의 성질** : 함수 $f : X \longrightarrow Y$가 일대일대응일 때, 그 역함수 $f^{-1} : Y \longrightarrow X$에 대하여
① $(f^{-1})^{-1}=f$
② $(f^{-1} \circ f)(x)=x \ (x \in X)$, $(f \circ f^{-1})(y)=y \ (y \in Y)$
③ 함수 $g : Y \longrightarrow Z$가 일대일대응이고 그 역함수가 g^{-1}일 때, $(g \circ f)^{-1}=f^{-1} \circ g^{-1}$

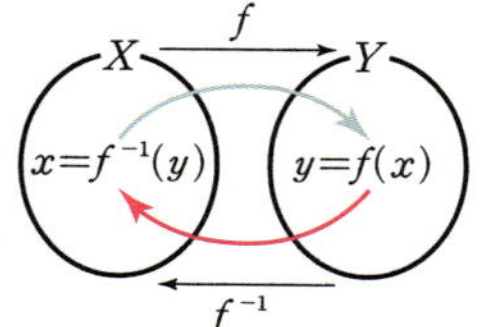

개념 플러스

대응
공집합이 아닌 두 집합 X, Y에 대하여 X의 원소 x에 Y의 원소 y를 짝 짓는 것을 집합 X에서 집합 Y로의 대응이라 하며, 기호로 $x \longrightarrow y$와 같이 나타낸다.

함수 $f : X \longrightarrow Y$에 대하여
① 정의역 : 집합 X
② 공역 : 집합 Y
③ 치역 : 함숫값 전체의 집합, 즉 $\{f(x) \,|\, x \in X\}$

함수의 그래프는 정의역의 각 원소 a에 대하여 직선 $x=a$와 오직 한 점에서 만난다.

항등함수는 일대일대응이다.

상수함수의 치역은 원소가 한 개인 집합이다.

역함수 구하기
일대일대응인 함수 $y=f(x)$의 역함수 $y=f^{-1}(x)$는 다음과 같은 순서로 구한다.
(i) $y=f(x)$에서 x를 y에 대한 식, 즉 $x=f^{-1}(y)$ 꼴로 나타낸다.
(ii) x와 y를 서로 바꾸어 $y=f^{-1}(x)$를 구한다.
(iii) 주어진 함수 $y=f(x)$의 치역을 역함수의 정의역으로 한다.

역함수의 그래프의 성질
함수 $y=f(x)$의 그래프와 그 역함수 $y=f^{-1}(x)$의 그래프는 직선 $y=x$에 대하여 대칭이다.

교과서 유형 흐름잡기

유형 1 | 함수의 뜻

두 집합 $X=\{-1, 0, 1\}$, $Y=\{0, 1, 2, 3\}$에 대하여 X에서 Y로의 함수인 것만을 〈보기〉에서 있는 대로 고른 것은?

> **보기**
> ㄱ. $y=-|x|+1$ ㄴ. $y=(x-1)^2$ ㄷ. $y=x^2+x$

① ㄱ ② ㄱ, ㄴ ③ ㄱ, ㄷ
④ ㄴ, ㄷ ⑤ ㄱ, ㄴ, ㄷ

Point 집합 X에서 집합 Y로의 함수는 X의 각 원소에 Y의 원소가 오직 하나씩 대응한다.

1-1 숫자

두 집합 $X=\{-1, 0, 1\}$, $Y=\{-1, 0, 1, 2\}$에 대하여 X에서 Y로의 함수인 것만을 〈보기〉에서 있는 대로 고르시오.

> **보기**
> ㄱ. $y=x^2+1$ ㄴ. $y=x-1$
> ㄷ. $y=|x|$

1-2 표현

실수 전체의 집합 R에 대하여 R에서 R로의 함수의 그래프인 것만을 〈보기〉에서 있는 대로 고르시오.

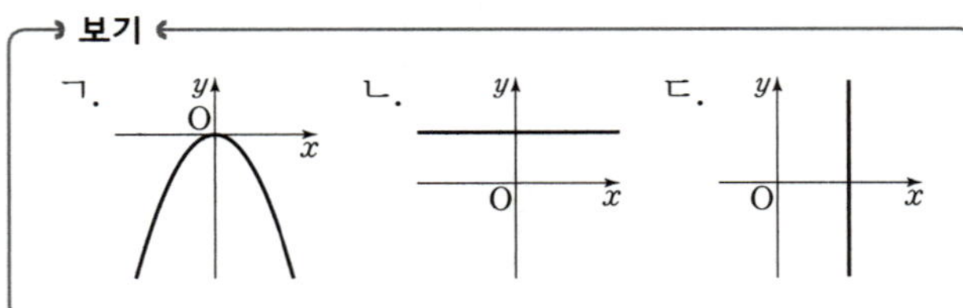

유형 2 | 서로 같은 함수

정의역이 $\{-1, 2\}$인 두 함수 $f(x)=-x^2+3x-2$, $g(x)=ax+b$에 대하여 $f=g$일 때, $a+b$의 값은? (단, a, b는 상수이다.)

① -4 ② -2 ③ 0
④ 2 ⑤ 4

Point 두 함수 f, g가 서로 같은 함수이면 정의역의 모든 원소 x에 대하여 $f(x)=g(x)$이다.

2-1 숫자

정의역이 $\{-1, 1\}$인 두 함수
$$f(x)=ax+b, \quad g(x)=x^3+1$$
에 대하여 $f=g$일 때, ab의 값을 구하시오.
(단, a, b는 상수이다.)

2-2 표현

집합 $X=\{x|x^2-5x+4=0\}$을 정의역으로 하는 두 함수
$$f(x)=x^2+ax, \quad g(x)=6x+b$$
가 있다. 두 함수 f와 g가 서로 같을 때, a^2+b^2의 값을 구하시오. (단, a, b는 상수이다.)

두 집합 $X=\{x\,|\,1\leq x\leq 5\}$, $Y=\{y\,|\,-2\leq y\leq 6\}$에 대하여 X에서 Y로의 함수 $f(x)=ax+b\ (a>0)$가 일대일대응일 때, $a-b$의 값은? (단, a, b는 상수이다.)

① 2 ② 3 ③ 4
④ 5 ⑤ 6

Tip 함수가 실수 전체의 집합에서 일대일대응이 되려면 증가하는 함수이거나 감소하는 함수이어야 한다.

3-1 [숫자]

두 집합 $X=\{x\,|\,-3\leq x\leq 4\}$, $Y=\{y\,|\,0\leq y\leq 7\}$에 대하여 X에서 Y로의 함수 $f(x)=ax+b\ (a<0)$가 일대일대응일 때, $f(1)$의 값을 구하시오. (단, a, b는 상수이다.)

3-2 [표현]

두 집합 $X=\{x\,|\,x\geq 2\}$, $Y=\{y\,|\,y\geq 5\}$에 대하여 X에서 Y로의 함수 $f(x)=x^2-2x+a$가 일대일대응일 때, 상수 a의 값은?

① -1 ② 1 ③ 3
④ 5 ⑤ 7

두 함수 $f(x)=ax+b$, $g(x)=-x+1$에 대하여 $(g\circ f)(x)=2x+3$일 때, ab의 값은? (단, a, b는 상수이다.)

① -4 ② -2 ③ 0
④ 2 ⑤ 4

Tip (1) $(g\circ f)(x) \Rightarrow g(x)$의 x 대신에 $f(x)$를 대입
(2) $(f\circ g)(x) \Rightarrow f(x)$의 x 대신에 $g(x)$를 대입

4-1 [숫자]

두 함수 $f(x)=ax+b$, $g(x)=2x+3$에 대하여 $(g\circ f)(x)=-4x+5$일 때, $a-b$의 값은?
(단, a, b는 상수이다.)

① -3 ② -1 ③ 0
④ 1 ⑤ 3

4-2 [표현]

함수 $f(x)=ax+b\ (a>0)$가 $(f\circ f)(x)=x+4$를 만족시킬 때, $f(10)$의 값을 구하시오. (단, a, b는 상수이다.)

유형 **5** | 역함수와 함숫값

실수 전체의 집합에서 정의된 함수 $f(x)=ax+b$에 대하여 $f^{-1}(3)=-1$, $f(1)=2$일 때, $f(3)$의 값은? (단, a, b는 상수이다.)

① 1 　　② $\dfrac{3}{2}$ 　　③ 2

④ $\dfrac{5}{2}$ 　　⑤ 3

Point 함수 f와 그 역함수 f^{-1}에 대하여
$$f^{-1}(b)=a \iff f(a)=b$$

5-1 　숫자

실수 전체의 집합에서 정의된 함수 $f(x)=ax+b$에 대하여 $f^{-1}(-1)=1$, $f(2)=-6$일 때, $a-b$의 값을 구하시오.
(단, a, b는 상수이다.)

5-2 　표현

함수 $f(x)=x^2+2$ $(x \geq 0)$의 역함수를 $g(x)$라 할 때, $g(11)+g^{-1}(1)$의 값은?

① 5 　　② 6 　　③ 7

④ 8 　　⑤ 9

★ 유형 **6** | 합성함수와 역함수의 성질

두 함수 $f(x)=x+1$, $g(x)=3x-4$에 대하여 $(f \circ (g \circ f)^{-1} \circ f)(-2)$의 값은?

① -2 　　② -1 　　③ 0

④ 1 　　⑤ 2

Point 두 함수 f, g의 역함수를 각각 f^{-1}, g^{-1}라 할 때,
$$(g \circ f)^{-1}=f^{-1} \circ g^{-1}$$

6-1 　숫자

두 함수 $f(x)=3x+4$, $g(x)=3x-2$에 대하여 $(g \circ (f \circ g)^{-1} \circ g)(3)$의 값을 구하시오.

6-2 　표현

두 함수 $f(x)=-x-1$, $g(x)=2x+1$에 대하여 $(g \circ f^{-1})^{-1}(a)=2$를 만족시키는 상수 a의 값은?

① -5 　　② -4 　　③ -3

④ -2 　　⑤ -1

01 ★

두 집합 $X=\{-1,\ 0,\ 1\}$, $Y=\{0,\ 1,\ 2\}$에 대하여 다음 중 X에서 Y로의 함수인 것은?

① $f(x)=-x+1$ ② $f(x)=2x+1$
③ $f(x)=x^2+2$ ④ $f(x)=x+2$
⑤ $f(x)=|x-1|+1$

02

함수 f가 실수 전체의 집합에서
$$f(x)=\begin{cases} x+1 & (x\geq 0) \\ 3x & (x<0) \end{cases}$$
로 정의될 때, $f(\sqrt{5}-4)+f(7-3\sqrt{5})$의 값을 구하시오.

03

자연수 전체의 집합 N과 정수 전체의 집합 Z에 대하여 $f:N \longrightarrow Z$인 함수
$$f(x)=(x를\ 3으로\ 나누었을\ 때의\ 나머지)$$
의 치역의 모든 원소의 합을 구하시오.

04

정의역이 $\{-1,\ 0,\ 1\}$인 두 함수 $f(x)=x^3+a$, $g(x)=ax+b$에 대하여 $f=g$일 때, a^2+b^2의 값은?

(단, a, b는 상수이다.)

① 1   ② 2   ③ 3
④ 4   ⑤ 5

05

다음 함수 중 일대일대응인 것은?

(단, 정의역과 공역은 모두 실수 전체의 집합이다.)

① $y=-x^2$ ② $y=-|x|$
③ $y=3$ ④ $y=-2x-1$
⑤ $y=2x^2+1$

06

다음 〈보기〉에서 일대일대응의 그래프는 a개, 상수함수의 그래프는 b개이다. ab의 값은?

(단, 정의역과 공역은 모두 실수 전체의 집합이다.)

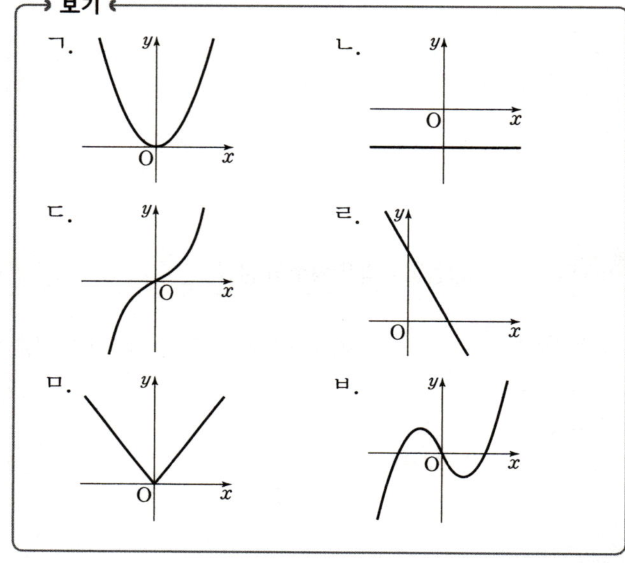

① 1   ② 2   ③ 3
④ 4   ⑤ 5

07

실수 전체의 집합에서 정의된 두 함수 f, g에 대하여 f는 항등함수이고, g는 상수함수이다. $g(1)=5$일 때, $f(4)+g(4)$의 값을 구하시오.

08

두 함수
$$f(x)=\begin{cases} 0 & (x\text{는 유리수}) \\ \sqrt{2} & (x\text{는 무리수}) \end{cases},\ g(x)=\begin{cases} 1 & (x\text{는 유리수}) \\ \sqrt{3} & (x\text{는 무리수}) \end{cases}$$
에 대하여 $(g \circ f)(\pi)$의 값을 구하시오.

09

함수 $y=f(x)$의 그래프가 오른쪽 그림과 같을 때, $(f \circ f)(c)$의 값은? (단, 모든 점선은 x축 또는 y축에 평행하다.)

① a ② b
③ c ④ d
⑤ e

10

어느 전자제품의 정가가 x원일 때, 5000원 인하한 가격을 $f(x)$원, 10 % 할인한 가격을 $g(x)$원이라고 하면
$$f(x)=x-5000,\ g(x)=0.9x$$
이다. 정가가 10000원인 전자제품을 5000원 인하와 10% 할인 두 가지를 모두 적용받아 구매하려고 할 때, 어떤 것을 먼저 적용하는 것이 유리한지 구하시오.

11

함수 $f(x)=ax-1$에 대하여 $f(2)=5$일 때, $f^{-1}(2)$의 값은? (단, a는 상수이다.)

① -2 ② -1 ③ 0
④ 1 ⑤ 2

12

섭씨온도는 물의 어는점을 0 °C, 끓는점을 100 °C로 하여 그 사이를 100등분한 것이고, 화씨온도는 물의 어는점을 32 °F, 끓는점을 212 °F

로 하여 그 사이를 180등분한 것이다. 화씨온도 x °F를 섭씨온도 y °C로 바꾸는 식이 $y=\dfrac{5}{9}(x-32)$일 때, 섭씨온도 x °C를 화씨온도 y °F로 바꾸는 식을 구하시오.

13

함수 $f(x)=ax+b\ (a \neq 0)$의 그래프와 함수 $y=g(x)$의 그래프가 직선 $y=x$에 대하여 대칭이다. $f(2)=4$, $g(3)=1$일 때, $f(3)$의 값은? (단, a, b는 상수이다.)

① 1 ② 2 ③ 3
④ 4 ⑤ 5

★ 14

두 함수 $f(x)=3x-1$, $g(x)=-2x+2$에 대하여 $(g \circ (f \circ g)^{-1})(-4)$의 값을 구하시오.

05 유리함수

05·1 유리식의 계산

(1) **유리식** : 두 다항식 A, B $(B \neq 0)$에 대하여 $\dfrac{A}{B}$ 꼴로 나타낼 수 있는 식

(2) **유리식의 사칙연산** : 네 다항식 A, B, C, D에 대하여

① $\dfrac{A}{C} + \dfrac{B}{C} = \dfrac{A+B}{C}$, $\dfrac{A}{C} - \dfrac{B}{C} = \dfrac{A-B}{C}$ (단, $C \neq 0$)

② $\dfrac{A}{C} + \dfrac{B}{D} = \dfrac{AD+BC}{CD}$, $\dfrac{A}{C} - \dfrac{B}{D} = \dfrac{AD-BC}{CD}$ (단, $C \neq 0$, $D \neq 0$)

③ $\dfrac{A}{B} \times \dfrac{C}{D} = \dfrac{AC}{BD}$ (단, $B \neq 0$, $D \neq 0$)

④ $\dfrac{A}{B} \div \dfrac{C}{D} = \dfrac{A}{B} \times \dfrac{D}{C} = \dfrac{AD}{BC}$ (단, $B \neq 0$, $C \neq 0$, $D \neq 0$)

05·2 유리함수

(1) **유리함수** : 함수 $y = f(x)$에서 $f(x)$가 x에 대한 유리식인 함수

(2) 유리함수에서 정의역이 주어지지 않을 때에는 분모가 0이 되지 않도록 하는 실수 전체의 집합을 정의역으로 한다.

05·3 유리함수 $y = \dfrac{k}{x}$ $(k \neq 0)$의 그래프

(1) 정의역, 치역은 0을 제외한 실수 전체의 집합이다.

(2) $k > 0$이면 그래프는 제 1 사분면과 제 3 사분면에 있고,
$k < 0$이면 그래프는 제 2 사분면과 제 4 사분면에 있다.

(3) 원점 및 두 직선 $y = x$, $y = -x$에 대하여 대칭이다.

(4) 점근선은 x축 $(y = 0)$과 y축 $(x = 0)$이다.

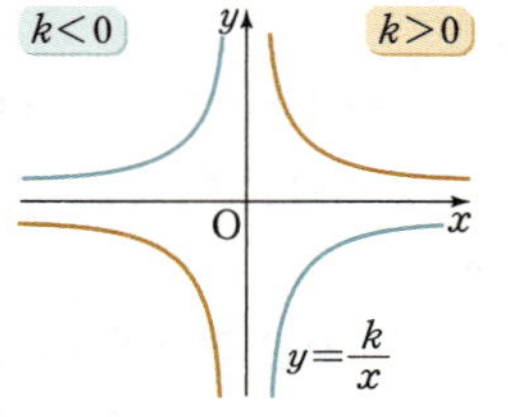

05·4 유리함수 $y = \dfrac{ax+b}{cx+d}$ $(c \neq 0,\ ad - bc \neq 0)$의 그래프

(1) **유리함수 $y = \dfrac{k}{x-p} + q$ $(k \neq 0)$의 그래프**

① 함수 $y = \dfrac{k}{x}$의 그래프를 x축의 방향으로 p만큼, y축의 방향으로 q만큼 평행이동한 것이다.

② 정의역 : $\{x \mid x \neq p$인 실수$\}$, 치역 : $\{y \mid y \neq q$인 실수$\}$

③ 점 (p, q)에 대하여 대칭이다.

④ 점근선은 두 직선 $x = p$, $y = q$이다.

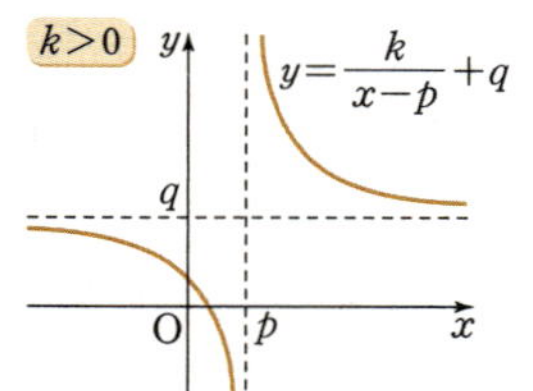

(2) **유리함수 $y = \dfrac{ax+b}{cx+d}$ $(c \neq 0,\ ad - bc \neq 0)$의 그래프**

$y = \dfrac{k}{x-p} + q$ $(k \neq 0)$ 꼴로 변형하여 그린다.

분모 또는 분자가 분수식인 경우의 계산

$$\dfrac{\dfrac{A}{B}}{\dfrac{C}{D}} = \dfrac{A}{B} \div \dfrac{C}{D} = \dfrac{AD}{BC}$$

부분분수로의 변형

$$\dfrac{1}{AB} = \dfrac{1}{B-A}\left(\dfrac{1}{A} - \dfrac{1}{B}\right)$$
(단, $A \neq B$)

함수 $y = f(x)$에서 $f(x)$가 x에 대한 다항식인 함수를 다항함수라 한다. 다항함수도 유리함수이다.

곡선 위의 점이 어떤 직선에 한없이 가까워질 때, 이 직선을 그 곡선의 점근선이라 한다.

유리함수의 대칭성
함수 $y = \dfrac{k}{x-p} + q$ $(k \neq 0)$의 그래프는
① 점근선의 교점 (p, q)에 대하여 대칭이다.
② 점 (p, q)를 지나고 기울기가 ± 1인 직선에 대하여 대칭이다.

교과서 유형 흐름잡기

★ 유형 1 | 유리식의 계산

$x \neq -2$, $x \neq 1$인 모든 실수 x에 대하여 등식

$$\frac{a}{x-1} + \frac{b}{x+2} = \frac{x+8}{(x-1)(x+2)}$$

이 성립할 때, $a-b$의 값은? (단, a, b는 상수이다.)

① -3　　　　② -1　　　　③ 1

④ 3　　　　⑤ 5

Tip 좌변의 분모를 통분하여 정리한 후 좌변과 우변의 분자를 비교한다.

1-1 [숫자]

$x \neq -3$, $x \neq 3$인 모든 실수 x에 대하여 등식

$$\frac{a}{x+3} - \frac{b}{x-3} = \frac{x-27}{x^2-9}$$

이 성립할 때, $2a+b$의 값을 구하시오.

(단, a, b는 상수이다.)

1-2 [표현]

등식

$$\frac{2x+4}{x^3-1} = \frac{a}{x-1} + \frac{-2x+b}{x^2+x+1}$$

가 x에 대한 항등식일 때, 상수 a, b에 대하여 ab의 값을 구하시오. (단, $x \neq 1$)

유형 2 | 부분분수로의 변형

$$\frac{1}{x(x+1)} + \frac{1}{(x+1)(x+2)} + \frac{1}{(x+2)(x+3)}$$ 을 간단히 하면?

① $\dfrac{1}{x}$　　　　② $\dfrac{1}{x+3}$　　　　③ $\dfrac{3}{x+3}$

④ $\dfrac{1}{x(x+3)}$　　　　⑤ $\dfrac{3}{x(x+3)}$

Point
$$\frac{1}{AB} = \frac{1}{B-A}\left(\frac{1}{A} - \frac{1}{B}\right)$$
(단, $A \neq B$)

2-1 [숫자]

$$\frac{1}{x(x+1)} + \frac{2}{(x+1)(x+3)} - \frac{3}{x(x+3)}$$ 을 간단히 하시오.

2-2 [표현]

다음 식의 분모를 0으로 만들지 않는 모든 실수 x에 대하여

$$\frac{2}{x(x+2)} + \frac{2}{(x+2)(x+4)} + \frac{2}{(x+4)(x+6)}$$
$$= \frac{k}{x(x+6)}$$

가 성립할 때, 상수 k의 값을 구하시오.

다음 중 함수 $y=\dfrac{2x-5}{x-1}$에 대한 설명으로 옳지 <u>않은</u> 것은?

① 정의역은 $\{x \mid x \neq 1$인 실수$\}$이다.
② 그래프는 모든 사분면을 지난다.
③ 그래프는 함수 $y=-\dfrac{3}{x}$의 그래프를 평행이동한 것이다.
④ 그래프의 점근선의 방정식은 $x=1$, $y=2$이다.
⑤ 그래프와 y축의 교점의 좌표는 $(0, 5)$이다.

Point 주어진 함수를
$$y=\frac{k}{x-p}+q \ (k \neq 0)$$ 꼴로
변형하고, 그래프를 그려 본다.

3-1 [숫자]

다음 중 함수 $y=\dfrac{3x+8}{x+2}$에 대한 설명으로 옳지 <u>않은</u> 것은?

① 정의역은 $\{x \mid x \neq -2$인 실수$\}$이다.
② 그래프는 제4사분면을 지나지 않는다.
③ 그래프는 함수 $y=\dfrac{3}{x}$의 그래프를 평행이동한 것이다.
④ 그래프의 점근선의 방정식은 $x=-2$, $y=3$이다.
⑤ 그래프와 y축의 교점의 좌표는 $(0, 4)$이다.

3-2 [표현]

함수 $y=-\dfrac{1}{x+1}+3$에 대한 설명으로 옳은 것만을 〈보기〉에서 있는 대로 고르시오.

> **보기**
>
> ㄱ. 치역은 3을 제외한 실수 전체의 집합이다.
> ㄴ. 그래프를 평행이동하면 함수 $y=\dfrac{-2x-5}{x+2}$의 그래프와 일치한다.
> ㄷ. 그래프는 점 $(1, 3)$에 대하여 대칭이다.
> ㄹ. 그래프와 y축의 교점의 y좌표는 2이다.

함수 $y=\dfrac{k}{x+a}+b$의 그래프가 오른쪽 그림과 같을 때, 상수 a, b, k에 대하여 $a+b+k$의 값은?

① -4　　② -2　　③ 1
④ 3　　⑤ 5

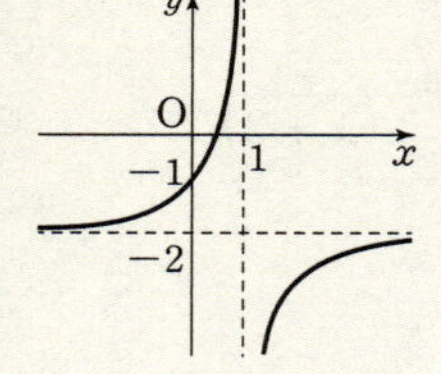

Tip 점근선의 방정식이 $x=p$, $y=q$인 유리함수의 식은 $y=\dfrac{k}{x-p}+q \ (k \neq 0)$로 놓는다.

4-1 [숫자]

함수 $y=\dfrac{k}{x+a}+b$의 그래프가 오른쪽 그림과 같을 때, 상수 a, b, k에 대하여 $a+b+k$의 값을 구하시오.

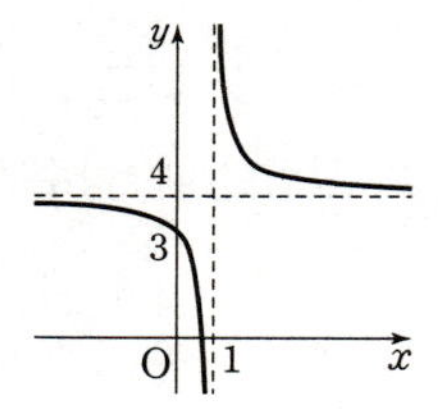

4-2 [표현]

함수 $y=\dfrac{ax+b}{x+c}$의 그래프가 점 $(1, 3)$을 지나고, 점근선의 방정식이 $x=2$, $y=1$일 때, 상수 a, b, c에 대하여 abc의 값을 구하시오.

유형 5 | 유리함수의 최대, 최소

정의역이 $\{x \mid 2 \le x \le 3\}$인 함수 $f(x) = \dfrac{2x-1}{x-1}$의 최댓값을 M, 최솟값을 m이라 할 때, $M+m$의 값은?

① $\dfrac{11}{2}$ ② 6 ③ $\dfrac{13}{2}$

④ 7 ⑤ $\dfrac{15}{2}$

Tip 주어진 정의역에서 유리함수의 그래프를 그린 후 최댓값과 최솟값을 구한다.

5-1 숫자

정의역이 $\{x \mid x \le 1$ 또는 $x \ge 4\}$인 함수 $f(x) = \dfrac{x+4}{x-3}$의 최댓값을 M, 최솟값을 m이라 할 때, $M+m$의 값은?

① $\dfrac{11}{2}$ ② 6 ③ $\dfrac{13}{2}$

④ 7 ⑤ $\dfrac{15}{2}$

5-2 표현

정의역이 $\{x \mid 2 \le x \le a\}$인 함수 $f(x) = \dfrac{3x+3}{x-1}$의 최솟값이 5이고, 최댓값은 M이다. $a+M$의 값은?

(단, a는 상수이다.)

① 10 ② 11 ③ 12

④ 13 ⑤ 14

유형 6 | 유리함수의 역함수

함수 $f(x) = \dfrac{ax+b}{x+c}$의 역함수가 $f^{-1}(x) = \dfrac{2x+1}{x-3}$일 때, 상수 a, b, c에 대하여 $a+b+c$의 값은?

① 1 ② 2 ③ 3

④ 4 ⑤ 5

Point $y=f(x)$의 역함수는 x를 y에 대한 식으로 나타낸 후 x와 y를 서로 바꾸어 구한다.

6-1 숫자

함수 $f(x) = \dfrac{ax+b}{3x+c}$의 역함수가 $f^{-1}(x) = \dfrac{-6x+5}{3x-6}$일 때, 상수 a, b, c에 대하여 $a+b+c$의 값은?

① 13 ② 14 ③ 15

④ 16 ⑤ 17

6-2 표현

함수 $f(x) = \dfrac{x+2}{3x+a}$와 그 역함수 $f^{-1}(x)$에 대하여 $f=f^{-1}$가 성립할 때, 상수 a의 값은?

① -2 ② -1 ③ 0

④ 1 ⑤ 2

교과서 문제 정복하기

01

$\dfrac{2x-6}{x^2+3x+2} \times \dfrac{x+1}{x^2-9} \div \dfrac{x-2}{x^2+5x+6}$ 를 간단히 하면?

① 2
② $\dfrac{2}{x-2}$
③ $\dfrac{2}{x+3}$

④ $\dfrac{x+1}{x-2}$
⑤ $\dfrac{x-2}{x+3}$

02

$x \neq -1$, $x \neq 3$인 모든 실수 x에 대하여 등식

$$\dfrac{2x-a}{x^2-2x-3} = \dfrac{1}{x+1} + \dfrac{b}{x-3}$$

가 성립할 때, $2a+b$의 값을 구하시오.

(단, a, b는 상수이다.)

03

함수 $f(x) = \dfrac{1}{x(x+1)}$ 에 대하여

$f(1)+f(2)+f(3)+\cdots+f(10)$의 값은?

① $\dfrac{9}{11}$
② $\dfrac{9}{10}$
③ $\dfrac{10}{11}$

④ $\dfrac{109}{110}$
⑤ 1

04

함수 $y = \dfrac{2}{2x-5} + 1$의 그래프는 함수 $y = \dfrac{k}{x}$의 그래프를 x축의 방향으로 a만큼, y축의 방향으로 b만큼 평행이동한 것이다. $a+b+k$의 값은? (단, k는 상수이다.)

① $\dfrac{9}{2}$
② 5
③ $\dfrac{11}{2}$

④ 6
⑤ $\dfrac{13}{2}$

05

함수 $y = \dfrac{2x-3}{x+1}$의 그래프를 x축의 방향으로 a만큼, y축의 방향으로 b만큼 평행이동하면 함수 $y = \dfrac{-x-4}{x-1}$의 그래프와 일치한다. $a+b$의 값을 구하시오.

06

함수 $y = \dfrac{-x+1}{x+3}$의 그래프의 점근선의 방정식이 $x=a$, $y=b$일 때, 상수 a, b에 대하여 ab의 값은?

① 1
② 2
③ 3

④ 4
⑤ 5

★ 07

함수 $y = -\dfrac{2}{x-1} + 3$의 그래프가 직선 $y=x+k$에 대하여 대칭일 때, 상수 k의 값은?

① -2
② -1
③ 0

④ 1
⑤ 2

08   비상교육, 동아출판 변형

저항의 크기가 각각 R_1, R_2 $(R_1>0,\ R_2>0)$인 두 저항을 병렬로 연결했을 때 전체 저항의 크기를 R라 하면 $\dfrac{1}{R}=\dfrac{1}{R_1}+\dfrac{1}{R_2}$이다. $R_1=x$, $R_2=2$일 때, 전체 저항의 크기 R를 $f(x)$라 하자. 다음 중 함수 $y=f(x)$의 그래프는?

(단, $x>0$)

① 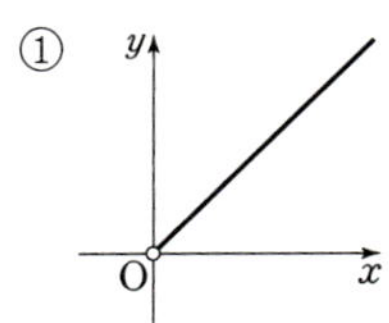   ② 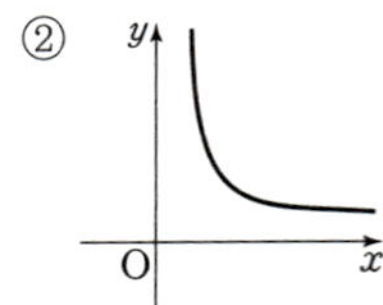

③ 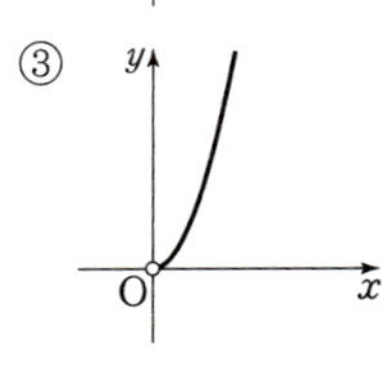   ④ 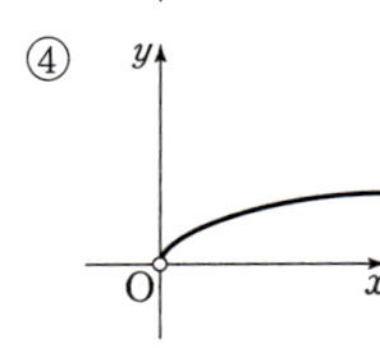

⑤ 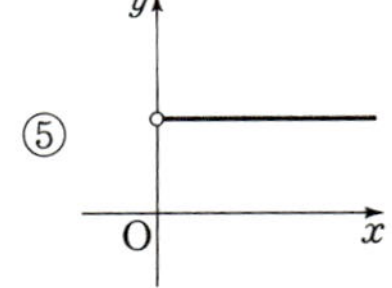

★ 09

함수 $y=-\dfrac{2}{x+5}+1$에 대한 설명으로 옳은 것만을 〈보기〉에서 있는 대로 고르시오.

> **보기**
>
> ㄱ. 치역은 $\{y\,|\,y\neq-5$인 실수$\}$이다.
> ㄴ. 두 점근선의 교점의 좌표는 $(-5,\ 1)$이다.
> ㄷ. 그래프는 $y=-\dfrac{2}{x}$의 그래프를 평행이동한 것이다.

10

함수 $y=\dfrac{ax+b}{x+c}$의 그래프가 오른쪽 그림과 같을 때, 상수 a, b, c에 대하여 $a+b+c$의 값을 구하시오.

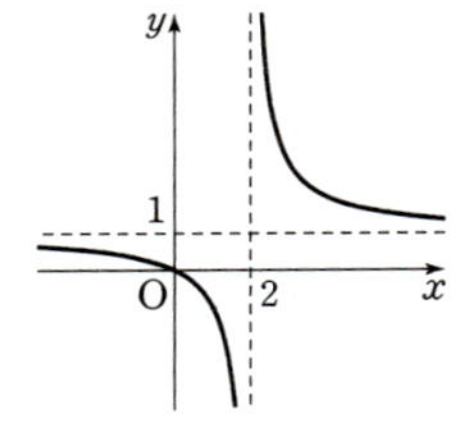

11   천재교육 변형

농도가 10 %인 소금물 200 g에 x g의 물을 더 넣었을 때의 소금물의 농도를 $f(x)$ %라 하자. $50\leq x\leq300$에서 함수 $f(x)$의 최댓값을 M, 최솟값을 m이라 할 때, $M+m$의 값을 구하시오.

12

함수 $f(x)=\dfrac{x-1}{x}$에 대하여
$$f^1=f,\ f^{n+1}=f^n\circ f\ (n=1,\ 2,\ 3,\ \cdots)$$
로 정의한다. $f^{16}(3)$의 값은?

① $-\dfrac{1}{2}$ ② $\dfrac{2}{3}$ ③ $\dfrac{5}{3}$

④ $\dfrac{7}{3}$ ⑤ 3

13

함수 $f(x)=\dfrac{kx}{x+3}$에 대하여 $f=f^{-1}$를 만족시키는 상수 k의 값은?

① -5 ② -3 ③ -1

④ 1 ⑤ 3

14

함수 $f(x)=\dfrac{-2x-1}{x+3}$의 역함수를 $g(x)$라 할 때, $(g\circ g)(1)$의 값을 구하시오.

06 무리함수

06·1 무리식의 계산

(1) **무리식** : 근호 안에 문자가 포함되어 있는 식 중에서 유리식으로 나타낼 수 없는 식

(2) **분모의 유리화** : 분모가 무리식인 경우에는 분모를 유리화하여 식을 간단히 한다.

$a>0,\ b>0$일 때,

① $\dfrac{b}{\sqrt{a}}=\dfrac{b\sqrt{a}}{\sqrt{a}\sqrt{a}}=\dfrac{b\sqrt{a}}{a}$

② $\dfrac{c}{\sqrt{a}+\sqrt{b}}=\dfrac{c(\sqrt{a}-\sqrt{b})}{(\sqrt{a}+\sqrt{b})(\sqrt{a}-\sqrt{b})}=\dfrac{c(\sqrt{a}-\sqrt{b})}{a-b}$ (단, $a\neq b$)

③ $\dfrac{c}{\sqrt{a}-\sqrt{b}}=\dfrac{c(\sqrt{a}+\sqrt{b})}{(\sqrt{a}-\sqrt{b})(\sqrt{a}+\sqrt{b})}=\dfrac{c(\sqrt{a}+\sqrt{b})}{a-b}$ (단, $a\neq b$)

06·2 무리함수

(1) **무리함수** : 함수 $y=f(x)$에서 $f(x)$가 x에 대한 무리식인 함수

(2) 무리함수에서 정의역이 주어지지 않을 때에는 근호 안의 식의 값이 0 이상이 되도록 하는 실수 전체의 집합을 정의역으로 한다.

06·3 무리함수 $y=\sqrt{ax},\ y=-\sqrt{ax}\ (a\neq0)$의 그래프

(1) **무리함수 $y=\sqrt{ax}\ (a\neq0)$의 그래프**

① $a>0$일 때, 정의역 : $\{x\,|\,x\geq0\}$, 치역 : $\{y\,|\,y\geq0\}$

② $a<0$일 때, 정의역 : $\{x\,|\,x\leq0\}$, 치역 : $\{y\,|\,y\geq0\}$

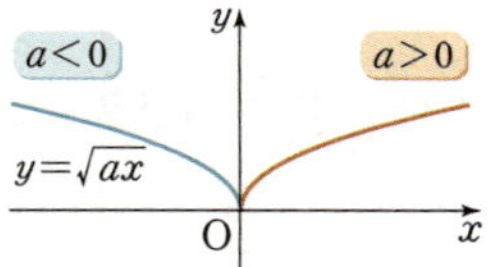

(2) **무리함수 $y=-\sqrt{ax}\ (a\neq0)$의 그래프**

① $a>0$일 때, 정의역 : $\{x\,|\,x\geq0\}$, 치역 : $\{y\,|\,y\leq0\}$

② $a<0$일 때, 정의역 : $\{x\,|\,x\leq0\}$, 치역 : $\{y\,|\,y\leq0\}$

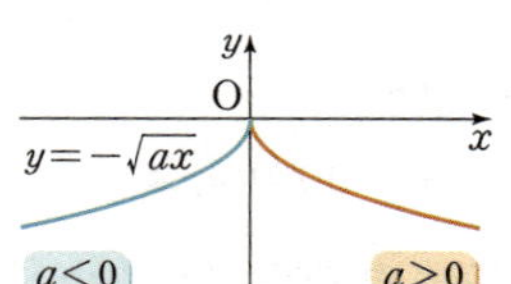

06·4 무리함수 $y=\sqrt{ax+b}+c\ (a\neq0)$의 그래프

(1) **무리함수 $y=\sqrt{a(x-p)}+q\ (a\neq0)$의 그래프**

① 함수 $y=\sqrt{ax}$의 그래프를 x축의 방향으로 p만큼, y축의 방향으로 q만큼 평행이동한 것이다.

② $a>0$일 때, 정의역 : $\{x\,|\,x\geq p\}$, 치역 : $\{y\,|\,y\geq q\}$

$a<0$일 때, 정의역 : $\{x\,|\,x\leq p\}$, 치역 : $\{y\,|\,y\geq q\}$

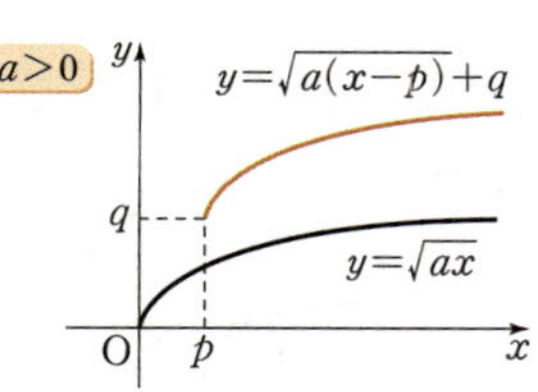

(2) **무리함수 $y=\sqrt{ax+b}+c\ (a\neq0)$의 그래프**

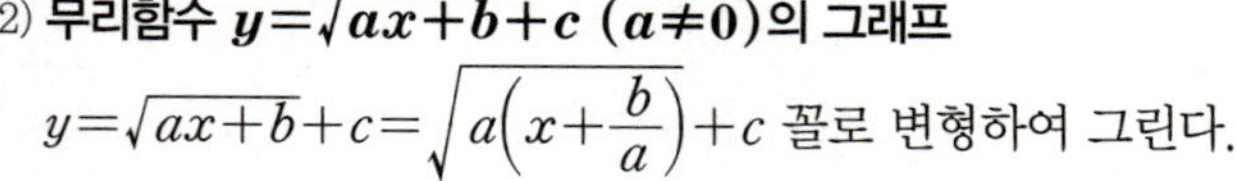

$y=\sqrt{ax+b}+c=\sqrt{a\left(x+\dfrac{b}{a}\right)}+c$ 꼴로 변형하여 그린다.

교과서 유형 흐름잡기

유형 **1** | 무리식의 계산

$\dfrac{1}{\sqrt{x}+\sqrt{x-1}}+\dfrac{1}{\sqrt{x}-\sqrt{x-1}}$ 을 간단히 하면?

① 1   ② $\sqrt{x}-\sqrt{x+1}$ ③ $\sqrt{x+1}-\sqrt{x}$

④ $\sqrt{x}$ ⑤ $2\sqrt{x}$

Point 분모에 무리식이 있으면 분모를 유리화한다.

1-1 숫자

$\dfrac{1}{\sqrt{x+1}+\sqrt{x}}-\dfrac{2}{\sqrt{x+1}+\sqrt{x-1}}$ 를 간단히 하시오.

1-2 표현

$\dfrac{\sqrt{a+b}-\sqrt{a-b}}{\sqrt{a+b}+\sqrt{a-b}}+\dfrac{\sqrt{a+b}+\sqrt{a-b}}{\sqrt{a+b}-\sqrt{a-b}}$ 를 간단히 하시오.

(단, $a>b>0$)

★ 유형 **2** | 무리식의 값 구하기

$x=1+\sqrt{2}$ 일 때, $\dfrac{1}{\sqrt{x+1}}-\dfrac{1}{\sqrt{x-1}}$ 의 값은 $a\sqrt{2}$ 이다. 유리수 a의 값은?

① -2 ② -1 ③ 1

④ 2   ⑤ 3

Tip 구하는 식의 분모를 유리화하여 식을 간단히 한 후 x의 값을 식에 대입한다.

2-1 숫자

$x=\sqrt{3}$ 일 때, $\dfrac{\sqrt{2+x}-\sqrt{2-x}}{\sqrt{2+x}+\sqrt{2-x}}$ 의 값은 $a\sqrt{3}$ 이다. 유리수 a의 값을 구하시오.

2-2 표현

$x=\dfrac{1}{\sqrt{2}-1}$, $y=\dfrac{1}{\sqrt{2}+1}$ 일 때, $\dfrac{\sqrt{y}}{\sqrt{x}}+\dfrac{\sqrt{x}}{\sqrt{y}}$ 의 값은?

① $\sqrt{2}$ ② 2   ③ $2\sqrt{2}$

④ $2\sqrt{2}-1$ ⑤ $2\sqrt{2}+1$

함수 $y=\sqrt{3x-6}+3$의 정의역은 $\{x|x\geq a\}$이고 치역은 $\{y|y\geq b\}$일 때, $a+b$의 값은? (단, a, b는 상수이다.)

① 4 ② 5 ③ 6
④ 7 ⑤ 8

Point 함수 $y=\sqrt{ax+b}+c$ 에서 $a>0$이면
정의역은 $\left\{x\,\middle|\,x\geq -\dfrac{b}{a}\right\}$
치역은 $\{y|y\geq c\}$

3-1 숫자

함수 $y=\sqrt{-2x+2}+1$의 정의역은 $\{x|x\leq a\}$이고 치역은 $\{y|y\geq b\}$일 때, ab의 값은? (단, a, b는 상수이다.)

① -2 ② -1 ③ 1
④ 2 ⑤ 3

3-2 표현

함수 $y=\sqrt{2x+a}-1$의 그래프가 점 $(1, 1)$을 지나고, 정의역이 $\{x|x\geq b\}$, 치역이 $\{y|y\geq c\}$일 때, $a+b+c$의 값을 구하시오. (단, a, b, c는 상수이다.)

함수 $y=\sqrt{ax+b}+c$의 그래프가 오른쪽 그림과 같을 때, 상수 a, b, c에 대하여 $a+b+c$의 값은?

① 1 ② 2 ③ 3
④ 4 ⑤ 5

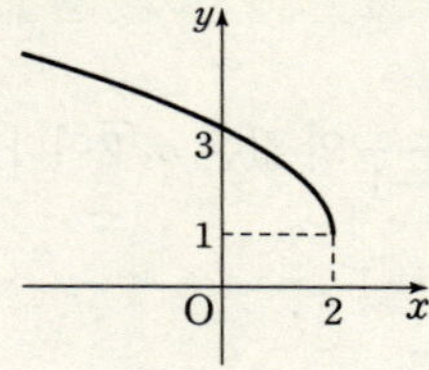

Tip 무리함수의 그래프가 시작하는 점의 좌표가 (p, q)이면 함수의 식을
$$y=\sqrt{a(x-p)}+q$$
로 놓는다.

4-1 숫자

함수 $y=\sqrt{ax+b}+c$의 그래프가 오른쪽 그림과 같을 때, 상수 a, b, c에 대하여 $a+b+c$의 값을 구하시오.

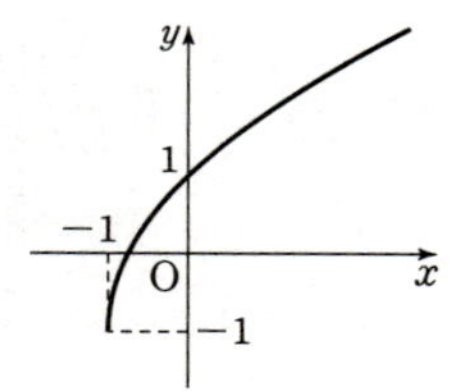

4-2 표현

함수 $y=a\sqrt{x+b}+c$의 그래프가 오른쪽 그림과 같을 때, 상수 a, b, c에 대하여 abc의 값을 구하시오.

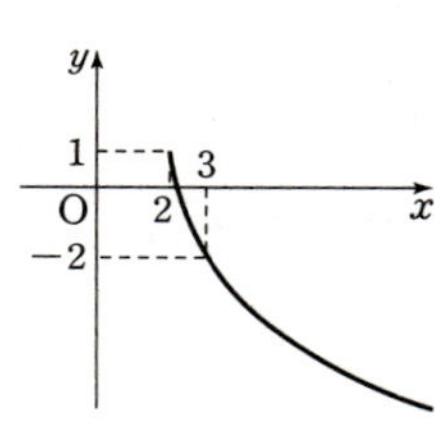

유형 5 | 무리함수의 최대, 최소

정의역이 $\{x|-1\leq x\leq 2\}$인 함수 $y=\sqrt{3-x}+1$의 최댓값을 M, 최솟값을 m이라 할 때, $M+m$의 값은?

① 4   ② 5   ③ 6
④ 7   ⑤ 8

Tip $y=\sqrt{a(x-p)}+q$ $(a<0)$의 그래프는 x의 값이 증가할 때 y의 값은 감소한다.

5-1 [숫자]

정의역이 $\{x|-1\leq x\leq 1\}$인 함수 $y=\sqrt{2(x+1)}-1$의 최댓값을 M, 최솟값을 m이라 할 때, $M+m$의 값은?

① -2 ② -1 ③ 0
④ 1   ⑤ 2

5-2 [표현]

정의역이 $\{x|-6\leq x\leq 2\}$인 함수 $y=\sqrt{4-2x}+a$의 최솟값이 1이고 최댓값은 M이다. $a+M$의 값을 구하시오. (단, a는 상수이다.)

유형 6 | 무리함수의 역함수

함수 $y=\sqrt{x+3}-2$의 역함수가 $y=x^2+ax+b$ $(x\geq c)$일 때, 상수 a, b, c에 대하여 $a+b+c$의 값은?

① 1   ② 2   ③ 3
④ 4   ⑤ 5

Point 무리함수 $y=\sqrt{ax+b}+c$ $(a\neq 0)$의 치역이 $\{y|y\geq c\}$이므로 역함수의 정의역은 $\{x|x\geq c\}$이다.

6-1 [숫자]

함수 $y=\sqrt{3x-1}+1$의 역함수가 $y=\dfrac{1}{3}x^2+ax+b$ $(x\geq c)$일 때, 상수 a, b, c에 대하여 $a+b+c$의 값은?

① $-\dfrac{1}{3}$ ② $\dfrac{1}{3}$ ③ $\dfrac{2}{3}$
④ 1   ⑤ $\dfrac{4}{3}$

6-2 [표현]

함수 $y=x^2-6x+11$ $(x\geq 3)$의 역함수가 $y=\sqrt{x+a}+b$일 때, 상수 a, b에 대하여 $a+b$의 값을 구하시오.

01

무리식 $\sqrt{2-x}+\dfrac{1}{\sqrt{x+3}}$ 의 값이 실수가 되도록 하는 실수 x 의 값의 범위는?

① $x>-3$ ② $-3<x\leq2$

③ $-2<x\leq3$ ④ $x>2$

⑤ $x<-3$ 또는 $x\geq2$

02

$\dfrac{2}{\sqrt{x}+\sqrt{x+2}}+\dfrac{2}{\sqrt{x+2}+\sqrt{x+4}}$ 를 간단히 하면?

① $2\sqrt{x+2}$ ② $\sqrt{x}-\sqrt{x+4}$

③ $-\sqrt{x}+\sqrt{x+4}$ ④ $2\sqrt{x}-2\sqrt{x+4}$

⑤ $\sqrt{x}-\sqrt{x+2}-\sqrt{x+4}$

03

자연수 n에 대하여 $f(n)=\dfrac{1}{\sqrt{n}+\sqrt{n+1}}$ 일 때, $f(1)+f(2)+f(3)+\cdots+f(99)$의 값을 구하시오.

04

두 함수 $f(x)=\sqrt{ax}$, $g(x)=b\sqrt{x}$의 그래프가 오른쪽 그림과 같을 때, 〈보기〉에서 옳은 것만을 있는 대로 고르시오. (단, a, b는 상수이다.)

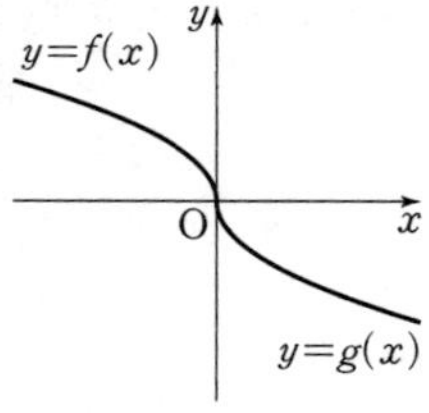

> **보기**
>
> ㄱ. $ab>0$ ㄴ. $a+b<0$
>
> ㄷ. $a-b<0$

05 · 동아출판 변형

오른쪽 그림과 같이 함수 $y=\sqrt{ax}$ 의 그래프가 네 점 $A(1, 1)$, $B(4, 1)$, $C(4, 4)$, $D(1, 4)$를 꼭 짓점으로 하는 정사각형 ABCD와 만나도록 하는 정수 a의 개수는?

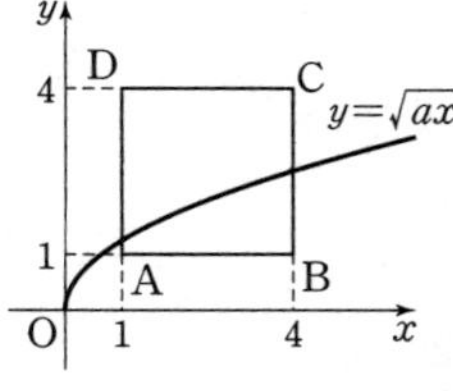

① 4   ② 8   ③ 12

④ 16   ⑤ 20

06

함수 $y=-\sqrt{1-2x}+5$의 정의역이 $\{x\,|\,x\leq a\}$, 치역이 $\{y\,|\,y\leq b\}$ 일 때, 상수 a, b에 대하여 $a+b$의 값을 구하시오.

07

다음 함수 중 그 그래프가 제3사분면을 지나지 <u>않는</u> 것은?

① $y=-\sqrt{-x}$ ② $y=\sqrt{x+1}-1$

③ $y=\sqrt{1-x}-1$ ④ $y=-\sqrt{-x-1}-1$

⑤ $y=-\sqrt{1-x}+1$

08

다음 함수 중 그 그래프가 평행이동에 의하여 함수 $y=\sqrt{-2x}$의 그래프와 겹쳐지는 것은?

① $y=\sqrt{-x}$ ② $y=2\sqrt{x-1}$

③ $y=-\sqrt{2x}+2$ ④ $y=-\sqrt{1+2x}$

⑤ $y=\sqrt{-2x+3}-1$

09

함수 $y=\sqrt{ax}$의 그래프를 x축의 방향으로 m만큼, y축의 방향으로 n만큼 평행이동하면 $y=\sqrt{1-x}+3$의 그래프와 일치한다. $a+m+n$의 값을 구하시오. (단, a는 상수이다.)

★ 10

다음 중 함수 $y=\sqrt{2x+4}-3$에 대한 설명으로 옳은 것은?

① 정의역은 $\{x\,|\,x\geq2\}$이다.
② 치역은 $\{y\,|\,y\leq-3\}$이다.
③ 그래프는 점 $(6,\,-1)$을 지난다.
④ 그래프는 $y=\sqrt{2x}$의 그래프를 평행이동한 것이다.
⑤ 그래프는 제 2 사분면을 지난다.

11

함수 $y=a\sqrt{x+b}+c$의 그래프가 오른쪽 그림과 같을 때, 상수 a, b, c에 대하여 abc의 값을 구하시오.

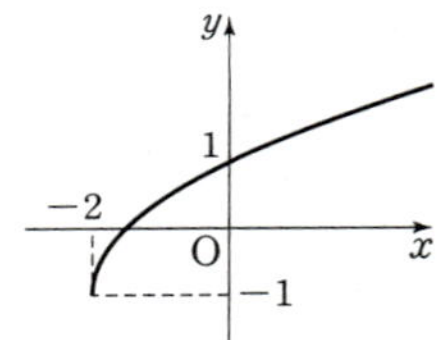

12

정의역이 $\{x\,|\,2\leq x\leq a\}$인 함수 $y=-\sqrt{2x-3}+1$의 최솟값이 -2이고, 최댓값은 M이다. $a+M$의 값은?
(단, a는 상수이다.)

① -4 ② -2 ③ 2
④ 4 ⑤ 6

★ 13

함수 $f(x)=\sqrt{ax+b}$의 그래프와 그 역함수 $y=f^{-1}(x)$의 그래프가 점 $(1,\,2)$에서 만난다. 상수 a, b에 대하여 ab의 값은?

① -24 ② -21 ③ -18
④ -15 ⑤ -12

14 ・ 금성출판사 변형

지표면의 온도가 $x\,°$C일 때, 지표면 근처에서의 소리의 속도를 y m/s라 하면 x와 y 사이에는 $y=20\sqrt{273+x}$인 관계가 성립한다고 한다. 다음 중 함수 $y=20\sqrt{273+x}$의 역함수는?

① $y=\dfrac{1}{20}x^2-273\ (x\geq0)$

② $y=\dfrac{1}{20}x^2+273\ (x\geq0)$

③ $y=\dfrac{1}{400}x^2-273\ (x\geq0)$

④ $y=\dfrac{1}{400}x^2+273\ (x\geq0)$

⑤ $y=\dfrac{1}{400}x^2+\dfrac{1}{20}x-273\ (x\geq0)$

15

$x>2$에서 정의된 두 함수 $f(x)=\sqrt{x-2}$, $g(x)=\dfrac{1}{x-2}+2$에 대하여 $(f\circ(f\circ g^{-1})^{-1}\circ f)(3)$의 값은?

① 1 ② 2 ③ 3
④ 4 ⑤ 5

01

집합 $X=\{-2, 1\}$에서 정의된 두 함수 $f(x)=-x^2+4$, $g(x)=ax+b$의 치역이 서로 같을 때, 상수 a, b에 대하여 $a-b$의 값을 구하시오. (단, $a>0$)

02

집합 $X=\{-1, 0, 1\}$을 정의역으로 하는 두 함수 f, g에 대하여 다음 중 $f=g$가 <u>아닌</u> 것은?

① $f(x)=\sqrt{x^2}$, $g(x)=|x|$
② $f(x)=x$, $g(x)=x^3$
③ $f(x)=x^2$, $g(x)=|x|$
④ $f(x)=x^3+1$, $g(x)=x+1$
⑤ $f(x)=\dfrac{x+|x|}{2}$, $g(x)=x+1$

03

함수 $f(x)$가 모든 실수 x에 대하여 $f\left(\dfrac{x+1}{3}\right)=x+2$를 만족시킬 때, $f(2)$의 값은?

① 1   ② 3   ③ 5
④ 7   ⑤ 9

04

함수 $f(x)=ax+|x-2|$가 일대일대응일 때, 상수 a의 값의 범위는?

① $a<0$ 또는 $a>2$ ② $-2<a<2$
③ $-1<a<2$ ④ $a<-1$ 또는 $a>1$
⑤ $-1<a<1$

05

함수 $f(x)=x^2-4x+6$ $(x\geq 2)$의 그래프와 그 역함수 $y=f^{-1}(x)$ 의 그래프가 서로 다른 두 점에서 만날 때, 이 두 교점 사이의 거리는?

① $\sqrt{2}$ ② $\sqrt{3}$ ③ 2
④ $2\sqrt{2}$ ⑤ $2\sqrt{3}$

06

집합 $X=\{1, 2, 3, 4\}$에 대하여 함수 $f: X \longrightarrow X$가 일대일대응이고
$$f(1)=3, f(3)=2, f^{-1}(1)=4$$
일 때, $(f \circ f)(2)$의 값은?

① 1   ② 2   ③ 3
④ 4   ⑤ 5

07

$\dfrac{2x-3}{x^2+3x+2} \times \dfrac{x^2-1}{2x^2-3x} \div \dfrac{x-1}{x^2+2x}$ 을 간단히 하면?

① 1   ② $x-1$ ③ x
④ $x+1$ ⑤ x^2

08

함수 $y=\dfrac{k}{x}$의 그래프를 x축의 방향으로 1만큼, y축의 방향으로 -2만큼 평행이동한 그래프가 점 $(3, 4)$를 지날 때, 상수 k의 값은?

① 6   ② 8   ③ 10
④ 12   ⑤ 14

09

함수 $y=\dfrac{ax-1}{x+b}$ 의 그래프의 점근선의 방정식이 $x=1$, $y=-3$일 때, 상수 a, b에 대하여 $a+b$의 값은?

(단, $ab\neq-1$)

① -4 ② -3 ③ -2

④ -1 ⑤ 0

10

$0<b<a$일 때, 함수 $f(x)=\dfrac{x+b}{x+a}$ 의 그래프의 개형은?

① 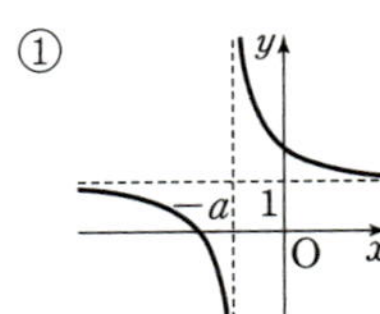 ② 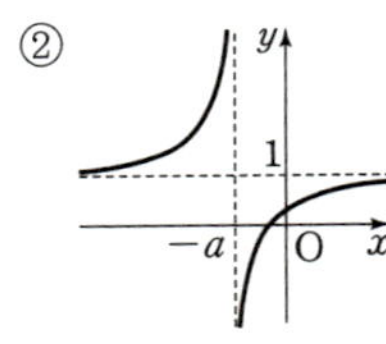 ③ 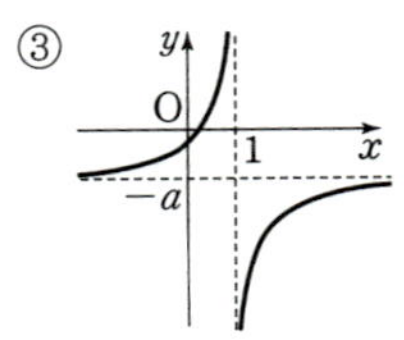

④ 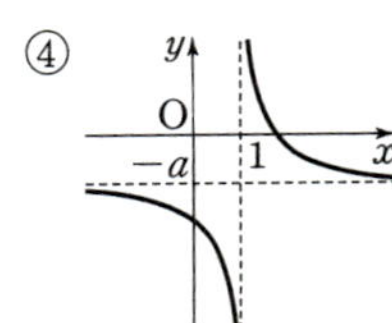 ⑤ 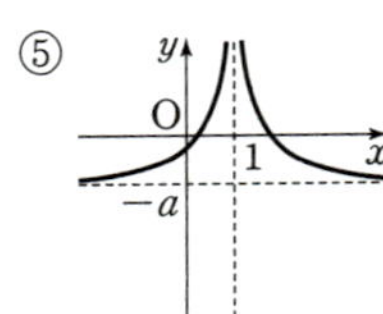

11

두 함수 $f(x)=\dfrac{x+1}{x}$, $g(x)=\dfrac{x}{x-1}$ 에 대하여 $(g^{-1}\circ f)(1)$의 값을 구하시오.

12

무리식 $\sqrt{6-3x}+\dfrac{\sqrt{x+2}}{3-x}$ 의 값이 실수가 되도록 하는 실수 x의 최댓값을 M, 최솟값을 m이라 할 때, Mm의 값은?

① -4 ② -2 ③ 1

④ 2 ⑤ 4

13

$x=\sqrt{5}$일 때, $\dfrac{\sqrt{x+2}-\sqrt{x-2}}{\sqrt{x+2}+\sqrt{x-2}}+\dfrac{\sqrt{x+2}+\sqrt{x-2}}{\sqrt{x+2}-\sqrt{x-2}}$ 의 값은?

① $\dfrac{\sqrt{5}}{2}$ ② $\sqrt{5}-1$ ③ $\sqrt{5}$

④ $\sqrt{5}+1$ ⑤ $2\sqrt{5}$

14

오른쪽 그림과 같이 직선 $y=k$가 두 함수 $y=\sqrt{x}$, $y=\sqrt{3x}$의 그래프와 만나는 교점을 각각 P, Q라 하자. 두 점 P, Q 사이의 거리가 6일 때, 양수 k의 값은?

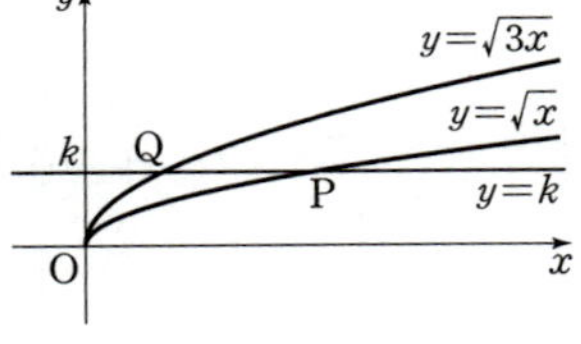

① $\sqrt{6}$ ② $\sqrt{7}$ ③ $2\sqrt{2}$

④ 3 ⑤ $\sqrt{10}$

15

함수 $f(x)=\sqrt{x+1}$의 역함수 $f^{-1}(x)$에 대하여 $\dfrac{f^{-1}(x)}{(x+1)^2}$ 를 간단히 하면?

① $\dfrac{1}{x-1}$ ② $\dfrac{1}{x+1}$ ③ $\dfrac{x-1}{x+1}$

④ $\dfrac{2x-1}{x+1}$ ⑤ $\dfrac{x+2}{x+1}$

16

함수 $f(x)=\begin{cases}1-\sqrt{x} & (x\geq0)\\ \sqrt{1-x} & (x<0)\end{cases}$ 에 대하여 $(f^{-1}\circ f^{-1})(a)=16$을 만족시키는 상수 a의 값은?

① 1 ② 2 ③ 3

④ 4 ⑤ 5

01 한 개의 주사위를 던질 때, 짝수의 눈이 나오는 경우의 수를 구하시오.

02 1부터 9까지의 자연수가 각각 하나씩 적힌 9장의 카드가 있다. 이 9장의 카드 중에서 1장의 카드를 뽑을 때, 다음을 구하시오.

⑴ 카드에 적힌 수가 2의 배수인 경우의 수
⑵ 카드에 적힌 수가 3의 배수 또는 4의 배수인 경우의 수

03 동전 한 개와 주사위 한 개를 동시에 던질 때, 일어나는 모든 경우의 수를 구하시오.

04 오른쪽 그림과 같이 예은이네 집에서 문구점으로 가는 길은 3가지, 문구점에서 학교로 가는 길은 4가지가 있다. 예은이가 집에서 학교로 가는 경우의 수를 구하시오.

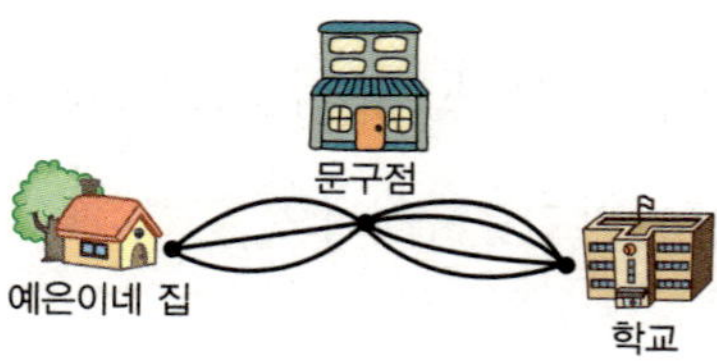

05 두 사람이 가위바위보를 할 때, 일어날 수 있는 모든 경우의 수를 구하시오.

III

경우의 수

07 순열

07·1 경우의 수

(1) 합의 법칙

두 사건 A, B가 동시에 일어나지 않을 때, 사건 A가 일어나는 경우의 수가 m, 사건 B가 일어나는 경우의 수가 n이면 사건 A 또는 사건 B가 일어나는 경우의 수는

$$m+n$$

(2) 곱의 법칙

두 사건 A, B에 대하여 사건 A가 일어나는 경우의 수가 m이고 그 각각에 대하여 사건 B가 일어나는 경우의 수가 n일 때, 두 사건 A, B가 잇달아 일어나는 경우의 수는

$$m \times n$$

07·2 순열

서로 다른 n개에서 $r\,(0<r\le n)$개를 택하여 일렬로 나열하는 것을 n개에서 r개를 택하는 순열이라 하고, 이 순열의 수를 기호로 $_n\mathrm{P}_r$와 같이 나타낸다.

서로 다른 것의 개수 $\longrightarrow{}_n\mathrm{P}_r\longleftarrow$ 택하는 것의 개수

07·3 순열의 수

(1) 순열의 수

서로 다른 n개에서 $r\,(0<r\le n)$개를 택하는 순열의 수는

$$_n\mathrm{P}_r=\underbrace{n(n-1)(n-2)\times\cdots\times(n-r+1)}_{r개}$$

(2) 계승

1부터 n까지의 모든 자연수의 곱을 n의 계승이라 하고, 이것을 기호로 $n!$과 같이 나타낸다.

$$n!=n(n-1)(n-2)\times\cdots\times3\times2\times1$$

(3) 계승과 순열의 수

① $_n\mathrm{P}_n=n!$, $_n\mathrm{P}_0=1$, $0!=1$

② $_n\mathrm{P}_r=\dfrac{n!}{(n-r)!}$ (단, $0\le r\le n$)

교과서 유형 흐름잡기

유형 1 | 합의 법칙

서로 다른 두 개의 주사위를 동시에 던질 때, 나오는 눈의 수의 합이 4 또는 5인 경우의 수는?

① 5　　　　　② 6　　　　　③ 7
④ 8　　　　　⑤ 9

Point 두 사건 A, B에 대하여 'A 또는 B'가 일어나는 경우의 수는 합의 법칙을 이용한다.

1-1 [숫자]

서로 다른 두 개의 주사위를 동시에 던질 때, 나오는 눈의 수의 합이 6의 배수인 경우의 수를 구하시오.

1-2 [표현]

1부터 10까지의 자연수가 각각 하나씩 적힌 10개의 구슬이 들어 있는 상자가 있다. 이 상자에서 한 개씩 두 번 구슬을 꺼낼 때, 꺼낸 구슬에 적힌 두 수의 합이 19 이상인 경우의 수를 구하시오. (단, 꺼낸 구슬은 다시 넣는다.)

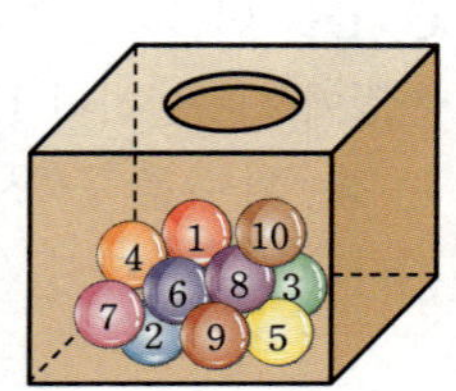

유형 2 | 곱의 법칙

72의 양의 약수의 개수를 a, 120의 양의 약수의 개수를 b라 할 때, $a+b$의 값은?

① 28　　　　　② 30　　　　　③ 32
④ 34　　　　　⑤ 36

Tip 자연수 N이 $N=p^l q^m$ (p, q는 서로 다른 소수, l, m은 자연수) 꼴로 소인수분해될 때, N의 양의 약수는 p^l의 양의 약수 중 하나와 q^m의 양의 약수 중 하나를 곱한 것과 같다.

2-1 [숫자]

96의 양의 약수의 개수를 a, 180의 양의 약수의 개수를 b라 할 때, $b-a$의 값은?

① 4　　　　② 5　　　　③ 6
④ 7　　　　⑤ 8

2-2 [표현]

다항식 $(x+y)(a+b+c)$를 전개할 때, 항의 개수를 구하시오.

오른쪽 그림과 같이 네 지점 A, B, C, D를 연결하는 길이 있을 때, A 지점에서 출발하여 D 지점으로 가는 경우의 수는?
(단, 한 번 지나간 지점은 다시 지나지 않는다.)

① 7　　　② 8　　　③ 9
④ 10　　　⑤ 11

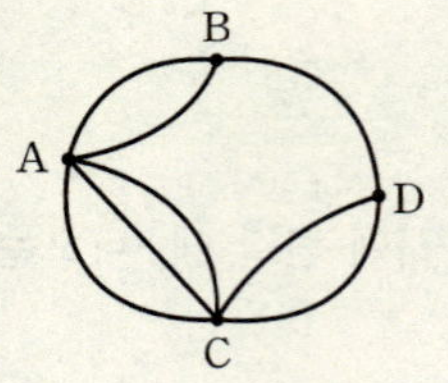

Tip 도로망에서의 경우의 수
(i) 동시에 갈 수 없는 길이면
　⇨ 합의 법칙을 이용
(ii) 잇달아 갈 수 있는 길이면
　⇨ 곱의 법칙을 이용

3-1 [숫자]

오른쪽 그림과 같이 네 지점 A, B, C, D를 연결하는 길이 있을 때, A 지점에서 출발하여 D 지점으로 가는 경우의 수를 구하시오. (단, 한 번 지나간 지점은 다시 지나지 않는다.)

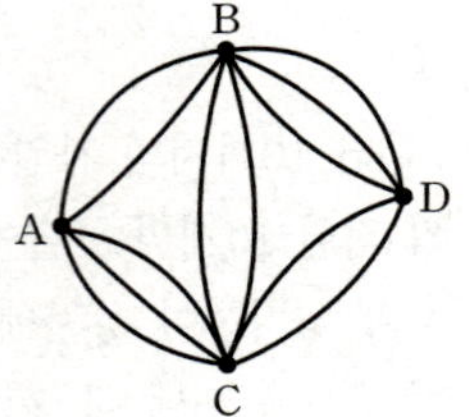

3-2 [표현]

오른쪽 그림과 같이 네 개의 도시 A, B, C, D를 연결하는 도로가 있다. A 도시에서 출발하여 모든 도시를 한 번씩 거치고 다시 A 도시로 돌아오는 경우의 수를 구하시오. (단, A 도시를 제외하고 한 번 지나간 도시는 다시 지나지 않는다.)

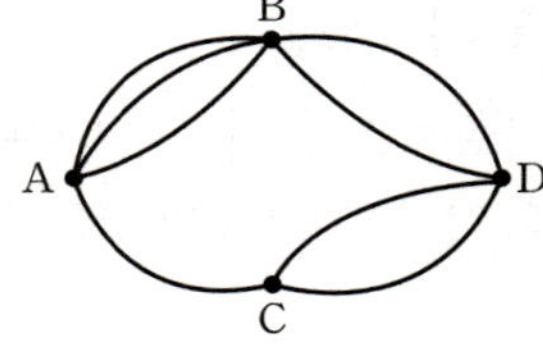

등식 $_{n+2}P_4 = 56 \times _nP_2$를 만족시키는 자연수 n의 값은?

① 5　　　② 6　　　③ 7
④ 8　　　⑤ 9

Tip 순열의 수를 이용하여 주어진 식을 n에 대한 방정식으로 나타낸다.

4-1 [숫자]

등식 $_{n+3}P_3 = 10 \times _{n+1}P_2$를 만족시키는 모든 자연수 n의 값의 합을 구하시오.

4-2 [표현]

등식 $_nP_3 + 3 \times _nP_2 = 5 \times _{n+1}P_2$를 만족시키는 자연수 n의 값은?

① 4　　　② 5　　　③ 6
④ 7　　　⑤ 8

⭐ 유형 **5** ｜ 이웃하거나 이웃하지 않는 순열의 수

어른 2명과 아이 3명을 일렬로 세울 때, 어른끼리 이웃하도록 세우는 경우의 수를 a, 어른끼리 이웃하지 않도록 세우는 경우의 수를 b라 하자. $b-a$의 값은?

① 20　　　　② 21　　　　③ 22
④ 23　　　　⑤ 24

Tip (1) 이웃하는 순열의 수
⇨ 이웃하는 것을 한 묶음으로 생각한다.
(2) 이웃하지 않는 순열의 수
⇨ 이웃해도 상관없는 것을 먼저 일렬로 세운다.

5-1 　숫자

person에 있는 6개의 문자를 일렬로 나열할 때, 모음끼리 이웃하도록 나열하는 경우의 수를 a, 모음끼리 이웃하지 않도록 나열하는 경우의 수를 b라 하자. $a+b$의 값을 구하시오.

5-2 　표현

서로 다른 수학책 n권과 서로 다른 영어책 4권을 책꽂이에 일렬로 꽂을 때, 영어책끼리 이웃하도록 꽂는 경우의 수가 576이다. 자연수 n의 값은?

① 3　　　　② 4　　　　③ 5
④ 6　　　　⑤ 7

⭐ 유형 **6** ｜ 자연수의 개수

5개의 숫자 1, 2, 3, 4, 5에서 서로 다른 3개의 숫자를 택하여 만들어지는 세 자리의 자연수 중 짝수의 개수는?

① 24　　　　② 26　　　　③ 28
④ 30　　　　⑤ 32

Tip 짝수는 일의 자리의 숫자가 2의 배수이다.

6-1 　숫자

5개의 숫자 1, 2, 3, 4, 5에서 서로 다른 4개의 숫자를 택하여 만들어지는 네 자리의 자연수 중 홀수의 개수는?

① 24　　　　② 36　　　　③ 48
④ 60　　　　⑤ 72

6-2 　표현

다음과 같이 주어진 5장의 숫자 카드를 사용하여 네 자리의 자연수를 만들 때, 만들 수 있는 4의 배수의 개수를 구하시오.

3　4　5　6　7

01

1부터 19까지의 자연수가 각각 하나씩 적힌 19장의 카드가 들어 있는 주머니에서 한 장을 꺼낼 때, 5의 배수 또는 6의 배수가 적힌 카드가 나오는 경우의 수는?

① 6　　　　② 7　　　　③ 8
④ 9　　　　⑤ 10

02　　비상교육 변형

어느 모임에서 여섯 명의 사람이 둥글게 모여 앉아 놀이를 하는데 이 놀이의 규칙은 다음과 같다.

[규칙 1] 한 사람씩 돌아가면서 자연수 1부터 차례로 수를 외친다.
[규칙 2] 5의 배수 또는 7의 배수가 나오면 수를 외치는 대신 손뼉을 친다.

이 놀이를 할 때, 100 이하의 자연수 중에서 손뼉을 쳐야 하는 자연수의 개수는?

① 32　　　　② 34　　　　③ 36
④ 38　　　　⑤ 40

03

두 자리의 자연수 중에서 십의 자리의 숫자는 짝수이고, 일의 자리의 숫자는 홀수인 것의 개수는?

① 20　　　　② 22　　　　③ 24
④ 26　　　　⑤ 28

04

240과 320의 양의 공약수의 개수는?

① 6　　　　② 7　　　　③ 8
④ 9　　　　⑤ 10

05

100원짜리 동전 3개, 10원짜리 동전 4개의 일부 또는 전부를 사용하여 지불할 수 있는 경우의 수는?
(단, 0원을 지불하는 경우는 제외한다.)

① 17　　　　② 18　　　　③ 19
④ 20　　　　⑤ 21

★ 06

오른쪽 그림에서 A, B, C, D의 4개의 영역을 서로 다른 4가지 색으로 칠하려고 한다. 같은 색을 중복하여 사용해도 좋으나 인접하는 영역은 서로 다른 색으로 칠할 때, 칠하는 경우의 수는? (단, 각 영역에는 한 가지 색만 칠한다.)

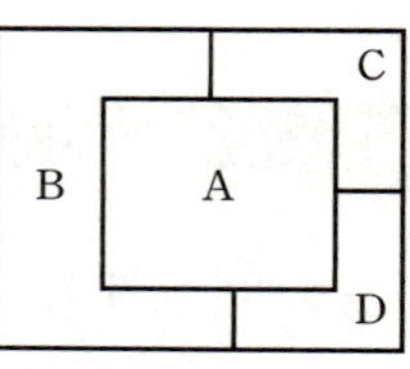

① 12　　　　② 18　　　　③ 24
④ 30　　　　⑤ 36

07

오른쪽 그림은 어느 수목원의 산책로를 나타낸 것이다. 입구에서 출발하여 허브 정원과 침엽수 정원을 모두 거쳐 야생화 정원으로 가는 경우의 수를 구하시오. (단, 한 번 지나간 정원은 다시 지나지 않는다.)

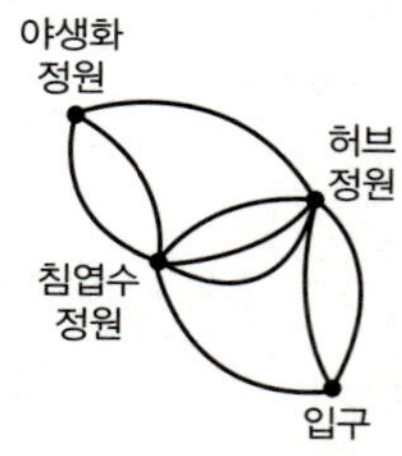

08

등식 $_nP_3=6n(n-2)$를 만족시키는 자연수 n의 값을 구하시오.

09

선우는 북촌 한옥마을, 수원 화성, 강릉 경포대, 공주 공산성, 안동 하회마을, 담양 죽녹원, 창녕 우포늪의 7곳의 관광지 중에서 4곳을 택한 후 순서를 정하여 관광하려고 한다. 관광하는 경우의 수는?

① 28   ② 140   ③ 210
④ 420   ⑤ 840

10

남자 5명과 여자 4명으로 구성된 어떤 모임이 있다. 이 모임에서 남자 대표, 남자 부대표, 여자 대표, 여자 부대표를 각각 1명씩 선출하려고 할 때, 선출하는 경우의 수는?

① 20   ② 40   ③ 80
④ 120   ⑤ 240

11

승빈이와 은이를 포함한 6명의 학생을 일렬로 세울 때, 승빈이가 맨 앞에, 은이가 맨 뒤에 오도록 세우는 경우의 수는?

① 20   ② 24   ③ 28
④ 32   ⑤ 36

12   ◦금성출판사 변형

남자 5명, 여자 2명이 한 줄에서 다 같이 영화를 보기로 하고 다음과 같이 7개의 좌석을 예매하였다. 영화관에서 남학생끼리 이웃하게 앉아 영화를 관람하려고 할 때, 좌석에 앉는 경우의 수는?

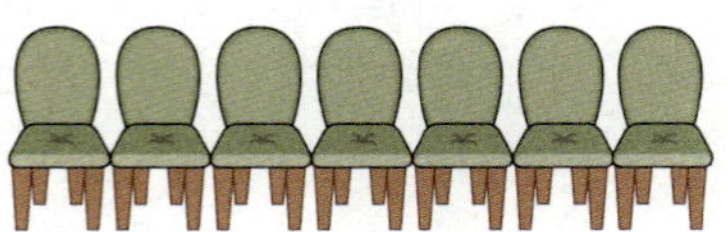

① 360   ② 480   ③ 600
④ 720   ⑤ 840

13

A반 학생 2명, B반 학생 3명, C반 학생 3명을 일렬로 세울 때, A반 학생은 A반 학생끼리, B반 학생은 B반 학생끼리 이웃하도록 세우는 경우의 수를 구하시오.

14

6개의 숫자 0, 1, 2, 3, 4, 5에서 서로 다른 3개의 숫자를 택하여 만들어지는 세 자리의 자연수 중 짝수의 개수를 구하시오.

15

네 개의 문자 A, B, C, D를 한 번씩만 사용하여 사전식으로 배열할 때, BDAC는 몇 번째에 오는 문자열인가?

① 8번째   ② 9번째   ③ 10번째
④ 11번째   ⑤ 12번째

08 조합

08·1 조합

서로 다른 n개에서 순서를 생각하지 않고 $r\,(0<r\leq n)$개를 택하는 것을 n개에서 r개를 택하는 조합이라 하고, 이 조합의 수를 기호로 $_n\mathrm{C}_r$와 같이 나타낸다.

서로 다른 것의 개수 → $_n\mathrm{C}_r$ ← 택하는 것의 개수

개념 플러스

➕ $_n\mathrm{C}_r$에서 C는 조합을 뜻하는 Combination의 첫 글자이다.

08·2 조합의 수 (1)

서로 다른 n개에서 r개를 택하는 조합의 수는

$$_n\mathrm{C}_r=\frac{_n\mathrm{P}_r}{r!}=\frac{n!}{r!(n-r)!}\ \ (\text{단},\ 0\leq r\leq n)$$

ex • 서로 다른 7개에서 4개를 택하여 일렬로 나열하는 경우의 수

⇨ $_7\mathrm{P}_4=7\times6\times5\times4=840$

• 서로 다른 7개에서 순서를 생각하지 않고 4개를 택하는 경우의 수

⇨ $_7\mathrm{C}_4=\dfrac{_7\mathrm{P}_4}{4!}=\dfrac{7\times6\times5\times4}{4\times3\times2\times1}=35$

➕ 서로 다른 n개에서 r개를 택하는 조합의 수는 $_n\mathrm{C}_r$이고, 그 각각에 대하여 r개를 일렬로 나열하는 경우의 수는 $r!$이므로
$$_n\mathrm{C}_r\times r!=\,_n\mathrm{P}_r$$
$$\therefore\ _n\mathrm{C}_r=\frac{_n\mathrm{P}_r}{r!}$$

08·3 조합의 수 (2)

(1) $_n\mathrm{C}_0=1,\ _n\mathrm{C}_n=1$

(2) $_n\mathrm{C}_r=\,_n\mathrm{C}_{n-r}$ (단, $0\leq r\leq n$)

ex 서로 다른 7개에서 5개를 택하는 조합의 수($_7\mathrm{C}_5$)는 7개에서 남아 있는 2개를 택하는 조합의 수($_7\mathrm{C}_2$)와 같다.

⇨ $_7\mathrm{C}_5=\,_7\mathrm{C}_2=\dfrac{7\times6}{2\times1}=21$

(3) $_n\mathrm{C}_r=\,_{n-1}\mathrm{C}_{r-1}+\,_{n-1}\mathrm{C}_r$ (단, $1\leq r\leq n-1$)

ex 1부터 10까지의 자연수가 각각 하나씩 적힌 10개의 공이 들어 있는 주머니가 있다.

• 10개의 공 중에서 4개의 공을 동시에 꺼내는 경우의 수

⇨ $_{10}\mathrm{C}_4$

• 10개의 공 중에서 '1이 적힌 공'을 포함하여 4개의 공을 동시에 꺼내는 경우의 수

⇨ '1이 적힌 공'은 이미 꺼냈다고 생각하면 9개의 공 중에서 3개의 공을 동시에 꺼내는 경우의 수와 같다.

⇨ $_9\mathrm{C}_3$

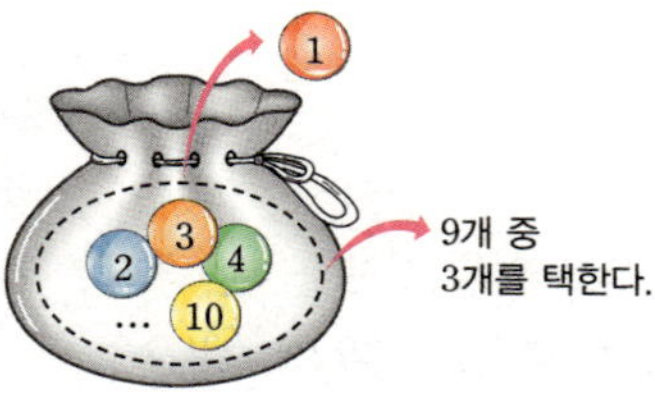

• 10개의 공 중에서 '1이 적힌 공'을 제외하고 4개의 공을 동시에 꺼내는 경우의 수

⇨ '1이 적힌 공'은 제외시키고 9개의 공 중에서 4개의 공을 동시에 꺼내는 경우의 수와 같다.

⇨ $_9\mathrm{C}_4$

∴ $_{10}\mathrm{C}_4=\,_9\mathrm{C}_3+\,_9\mathrm{C}_4$

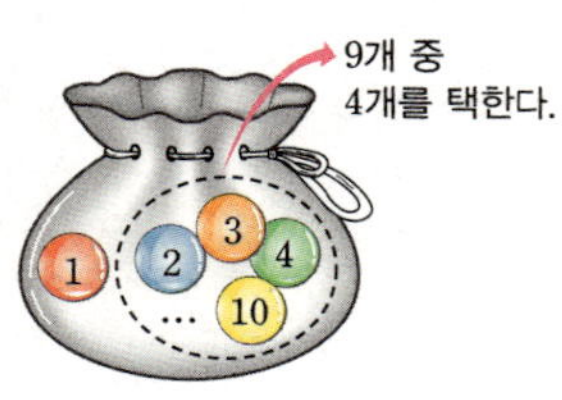

➕ $_n\mathrm{C}_{n-r}=\dfrac{n!}{(n-r)!\,\{n-(n-r)\}!}$
$$=\frac{n!}{(n-r)!\,r!}=\,_n\mathrm{C}_r$$

➕ $_n\mathrm{C}_r$의 값을 구할 때, $r>n-r$인 경우에는 $_n\mathrm{C}_r=\,_n\mathrm{C}_{n-r}$임을 이용하면 편리하다.

교과서 유형 흐름잡기

유형 1 | $_nC_r$의 계산

등식 $_{n+2}C_n=15$를 만족시키는 자연수 n의 값은?

① 3　　　　② 4　　　　③ 5

④ 6　　　　⑤ 7

Point $_nC_r={}_nC_{n-r}$ $(0\leq r\leq n)$임을 이용한다.

1-1 숫자

등식 $_{n+3}C_n=56$을 만족시키는 자연수 n의 값은?

① 4　　　　② 5　　　　③ 6

④ 7　　　　⑤ 8

1-2 표현

등식 $2\times{}_nC_3=3\times{}_nP_2$를 만족시키는 자연수 n의 값을 구하시오.

★ 유형 2 | 조합의 수

어느 가게에 케이크 4종류와 음료 5종류가 있다. 이 중에서 케이크 2종류와 음료 3종류를 주문하는 경우의 수는?

① 50　　　　② 60　　　　③ 70

④ 80　　　　⑤ 90

Point 순서를 생각하지 않고 뽑는 경우의 수는 조합을 이용한다.

2-1 숫자

어느 학교의 체육대회에 이어달리기와 줄넘기 종목의 참가 신청을 받았더니 이어달리기에 신청한 학생이 7명, 줄넘기에 신청한 학생이 6명이었다. 이 중에서 이어달리기에 참가할 학생 4명, 줄넘기에 참가할 학생 3명을 뽑는 경우의 수를 구하시오.

2-2 표현

어느 합창 동호회는 소프라노 3명, 알토 6명, 테너 4명으로 구성되어 있다. 이 중에서 합창 대회에 참가할 소프라노 2명, 알토 4명, 테너 3명을 뽑는 경우의 수는?

① 120　　　　② 140　　　　③ 160

④ 180　　　　⑤ 200

어떤 농구 팀에 두 선수 A, B를 포함한 12명의 농구 선수가 있다. 이 중에서 경기에 출전할 5명의 선수를 뽑으려고 할 때, 두 선수 A, B가 모두 포함되도록 뽑는 경우의 수는?

① 120   ② 125   ③ 130

④ 135   ⑤ 140

Tip 서로 다른 n개에서 r개를 뽑을 때 특정한 k개를 포함하여 뽑는 경우

⇨ k개를 이미 뽑았다고 생각하고 나머지 $(n-k)$개에서 $(r-k)$개를 뽑는다.

3-1 [숫자]

파란색 구슬을 포함한 서로 다른 색의 구슬 11개가 들어 있는 상자가 있다. 이 상자에서 6개의 구슬을 동시에 꺼낼 때, 파란색 구슬이 포함되는 경우의 수는?

① 246   ② 248   ③ 250

④ 252   ⑤ 254

3-2 [표현]

빨간색, 녹색, 검은색을 포함하여 서로 다른 색의 색연필이 10자루가 있다. 이 중에서 5자루의 색연필을 선택하여 그림을 그리려고 할 때, 빨간색, 녹색, 검은색은 제외하고 색연필을 선택하는 경우의 수를 구하시오.

어른 5명과 아이 4명 중에서 4명을 뽑을 때, 적어도 어른 1명이 포함되도록 뽑는 경우의 수는?

① 121   ② 122   ③ 123

④ 124   ⑤ 125

Tip '적어도'라는 조건이 있는 경우의 수는
(모든 경우의 수)
ㅡ(구하는 조건의 반대 경우의 수)
임을 이용하여 구한다.

4-1 [숫자]

가위 6개와 풀 5개 중에서 3개를 택할 때, 적어도 가위 1개가 포함되도록 택하는 경우의 수는?

① 155   ② 160   ③ 165

④ 170   ⑤ 175

4-2 [표현]

남학생 7명과 여학생 5명 중에서 4명의 학생을 뽑을 때, 남학생과 여학생이 각각 적어도 1명씩 포함되도록 뽑는 경우의 수를 구하시오.

유형 **5** | 뽑아서 나열하는 경우의 수

남학생 6명과 여학생 4명 중에서 남학생 3명, 여학생 1명을 뽑아서 일렬로 세우는 경우의 수는?

① 80   ② 320   ③ 960
④ 1340   ⑤ 1920

Point m개 중에서 r개, n개 중에서 s개를 뽑아 일렬로 나열하는 경우의 수
⇨ $_mC_r \times _nC_s \times (r+s)!$

5-1 〔숫자〕

A반 학생 3명과 B반 학생 5명 중에서 A반 학생 2명, B반 학생 3명을 뽑아서 일렬로 세우는 경우의 수를 구하시오.

5-2 〔표현〕

1부터 9까지의 숫자가 각각 하나씩 적힌 9장의 카드 중 3장의 카드를 동시에 뽑아서 세 자리의 자연수를 만들 때, 4를 포함하는 세 자리의 자연수의 개수는?

① 166   ② 167   ③ 168
④ 169   ⑤ 170

유형 **6** | 직선과 대각선의 개수

오른쪽 그림과 같이 평행한 두 직선 l, m 위에 7개의 점이 있다. 이 중에서 두 점을 연결하여 만들 수 있는 서로 다른 직선의 개수는?

① 8   ② 10   ③ 12
④ 14   ⑤ 16

Tip 일직선 위의 점들로 만들 수 있는 직선은 하나이다.

6-1 〔숫자〕

오른쪽 그림과 같이 평행한 두 직선 l, m 위에 10개의 점이 있다. 이 중에서 두 점을 연결하여 만들 수 있는 서로 다른 직선의 개수를 구하시오.

6-2 〔표현〕

오른쪽 그림과 같은 팔각형에서 대각선의 개수는?

① 16   ② 18
③ 20   ④ 22
⑤ 24

교과서 문제 정복하기

01

등식 $_{10}C_r=_{10}C_{r-4}$를 만족시키는 자연수 r의 값은?

① 5　　　　② 6　　　　③ 7

④ 8　　　　⑤ 9

02

등식 $_{n+2}C_3=2\times_nC_2+_{n+1}C_{n-1}$을 만족시키는 자연수 n의 값을 구하시오.

03 비상교육 변형

다음은 $1\leq r\leq n$일 때, 등식 $r\times_nC_r=n\times_{n-1}C_{r-1}$이 성립함을 예를 들어 설명하는 과정이다.

> 학생 n명 중에서 회장 1명을 포함하여 임원 r명을 뽑는 경우의 수는 다음과 같이 두 가지 방법으로 구할 수 있다.
>
> (i) n명 중에서 임원 r명을 뽑는 경우의 수는 [(가)]이고, 뽑힌 임원 r명 중에서 회장 1명을 뽑는 경우의 수는 [(나)]이므로 구하는 경우의 수는 $r\times_nC_r$이다.
>
> (ii) n명 중에서 회장 1명을 뽑는 경우의 수는 n이고, 나머지 $(n-1)$명 중에서 임원 ([(다)])명을 뽑는 경우의 수는 [(라)]이므로 구하는 경우의 수는 $n\times_{n-1}C_{r-1}$이다.
>
> 따라서 $r\times_nC_r=n\times_{n-1}C_{r-1}$이다.

(가), (나), (다), (라)에 알맞은 식을 차례로 나열한 것은?

① $r,\ 1,\ r,\ _{n-1}C_r$

② $r,\ r,\ r-1,\ r-1$

③ $r,\ r,\ r-1,\ _{n-1}C_{r-1}$

④ $_nC_r,\ 1,\ r,\ _{n-1}C_r$

⑤ $_nC_r,\ r,\ r-1,\ _{n-1}C_{r-1}$

04

프로듀서 5명과 가수 6명 중에서 3명을 뽑을 때, 3명의 직업이 모두 같은 경우의 수를 구하시오.

05

집합 $A=\{1,\ 2,\ 3,\ 4,\ 5,\ 6,\ 7,\ 8,\ 9,\ 10\}$의 부분집합 중에서 원소의 개수가 3인 집합의 개수는?

① 30　　　　② 60　　　　③ 90

④ 120　　　　⑤ 150

06 천재교과서 변형

지인이는 다음 규칙에 따라 일주일 동안 하루 1가지씩 취미 생활을 하는 계획을 세우려고 한다. 지인이가 계획을 세우는 경우의 수를 구하시오.

> (가) 일주일 중 2일은 십자수를 한다.
> (나) 일주일 중 4일은 북아트를 한다.
> (다) 나머지 하루는 수영, 테니스 중에서 한 가지를 한다.

★ 07

15명의 학생 중에서 수학경시대회에 참가할 학생 5명을 선발하려고 한다. 특정한 2명이 반드시 포함된다고 할 때, 학생을 선발하는 경우의 수는?

① 256　　　　② 266　　　　③ 276

④ 286　　　　⑤ 296

08

빨간색 볼펜을 포함하여 서로 다른 색의 볼펜이 n자루가 있다. 이 중에서 4자루를 선택할 때, 빨간색 볼펜이 포함되는 경우의 수가 35이다. 자연수 n의 값은?

① 6   ② 7   ③ 8
④ 9   ⑤ 10

09

핸드볼 선수 7명과 배구 선수 6명 중에서 5명을 뽑으려고 한다. 핸드볼 선수와 배구 선수가 각각 적어도 1명씩 포함되는 경우의 수는?

① 1260   ② 1266   ③ 1272
④ 1278   ⑤ 1284

10

1부터 8까지의 자연수가 각각 하나씩 적힌 8개의 공이 들어 있는 주머니에서 2개의 공을 동시에 꺼낼 때, 두 공에 적힌 두 수의 곱이 짝수인 경우의 수는?

① 20   ② 21   ③ 22
④ 23   ⑤ 24

11

남자 6명과 여자 2명을 4명씩 두 모둠으로 나눌 때, 여자 2명이 같은 모둠에 속하는 경우의 수는?

① 12   ② 13   ③ 14
④ 15   ⑤ 16

12

군인 4명과 경찰 3명 중 군인 3명, 경찰 2명을 뽑아서 일렬로 세울 때, 경찰 2명을 양 끝에 세우는 경우의 수를 구하시오.

★
13

두 집합 $X=\{1,\ 2,\ 3,\ 4\}$, $Y=\{2,\ 4,\ 6,\ 8,\ 10\}$에 대하여 함수 $f : X \longrightarrow Y$가

$$a<b$이면 $f(a)<f(b)$$

를 만족시킬 때, 함수 f의 개수는? (단, $a\in X$, $b\in X$)

① 4   ② 5   ③ 6
④ 7   ⑤ 8

14

오른쪽 그림과 같이 4개의 평행선과 6개의 평행선이 서로 만날 때, 이 평행선으로 만들어지는 평행사변형의 개수를 구하시오.

15

오른쪽 그림과 같이 가로선과 세로선이 같은 간격을 이루며 서로 수직일 때, 이 선으로 만들 수 있는 사각형 중에서 정사각형이 아닌 직사각형의 개수는?

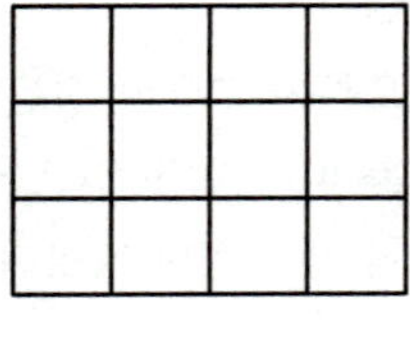

① 30   ② 35   ③ 40
④ 45   ⑤ 50

01

서로 다른 두 개의 주사위를 동시에 던질 때, 나오는 눈의 수의 합이 3의 배수가 되는 경우의 수는?

① 3   ② 6   ③ 9
④ 12   ⑤ 15

02

1부터 40까지의 자연수를 7로 나눌 때, 나머지가 홀수인 자연수의 개수는?

① 12   ② 14   ③ 16
④ 18   ⑤ 20

03

방정식 $2x+3y+z=10$을 만족시키는 자연수 x, y, z의 순서쌍 (x, y, z)의 개수는?

① 2   ② 3   ③ 4
④ 5   ⑤ 6

04

오른쪽 그림의 정육면체에서 모서리를 따라 꼭짓점 A에서 꼭짓점 G까지 가는 최단 경로의 수는?

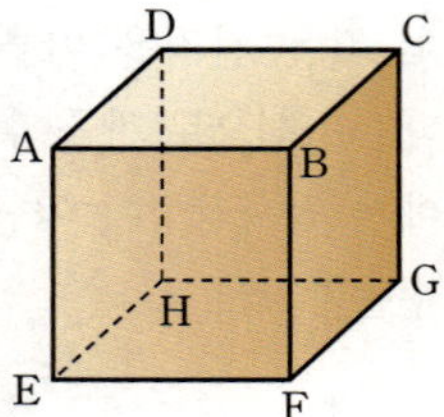

① 4   ② 5
③ 6   ④ 7
⑤ 8

05

다항식 $(a+b)(p+q+r)(x+y)$를 전개할 때, 항의 개수를 구하시오.

06

다음은 $1 \leq r \leq n$일 때, 등식 $_n\mathrm{P}_r = n \times {}_{n-1}\mathrm{P}_{r-1}$이 성립함을 증명하는 과정이다.

$$n \times {}_{n-1}\mathrm{P}_{r-1} = n \times \frac{(\boxed{\text{(가)}})!}{\{(n-1)-(r-1)\}!}$$

$$= \frac{(\boxed{\text{(나)}})!}{(n-r)!}$$

$$= {}_n\mathrm{P}_r$$

따라서 $_n\mathrm{P}_r = n \times {}_{n-1}\mathrm{P}_{r-1}$이 성립한다.

(가), (나)에 알맞은 식을 각각 $f(n)$, $g(n)$이라 할 때, $f(3)+g(5)$의 값을 구하시오.

07

a, b, c, d, e의 다섯 개의 문자를 일렬로 나열할 때, a, c가 이웃하는 경우의 수는?

① 36   ② 48   ③ 60
④ 72   ⑤ 84

08

남학생 3명과 여학생 3명이 단체 줄넘기에 참가하였다. 줄넘기를 하기 위하여 6명을 일렬로 세울 때, 적어도 한쪽 끝에는 남학생이 오도록 세우는 경우의 수를 구하시오.

09

7명의 남학생과 3명의 여학생을 다음 조건을 만족시키도록 일렬로 세우는 경우의 수는?

> (개) 맨 앞과 맨 뒤에는 남학생이 선다.
> (내) 임의의 두 여학생은 이웃하지 않는다.

① $60 \times 7!$ ② $60 \times 8!$ ③ $120 \times 7!$
④ $120 \times 8!$ ⑤ $240 \times 7!$

10

5개의 숫자 0, 1, 2, 3, 4를 모두 사용하여 만든 다섯 자리 자연수 중에서 21000 이상인 자연수의 개수는?

① 50   ② 54   ③ 58
④ 62   ⑤ 66

11

등식 $_{n-1}C_2 + _nC_2 = _{n+2}C_2$를 만족시키는 자연수 n의 값은?

① 3   ② 4   ③ 5
④ 6   ⑤ 7

12

1부터 20까지의 자연수가 각각 하나씩 적힌 20장의 카드가 들어 있는 상자가 있다. 이 상자에서 카드를 한 장씩, 2번 뽑아 첫 번째에 뽑은 카드에 적힌 수를 x, 두 번째에 뽑은 카드에 적힌 수를 y라 할 때, $x < y$를 만족시키는 경우의 수는?

(단, 꺼낸 카드는 다시 넣지 않는다.)

① 170   ② 180   ③ 190
④ 200   ⑤ 210

13

혜미, 진수, 유리를 포함한 8명의 학생 중에서 4명의 대표를 선출할 때, 혜미와 진수는 함께 선출되고 유리는 선출되지 않는 경우의 수는?

① 5   ② 8   ③ 10
④ 13   ⑤ 15

14

8개의 문자 I, L, O, V, E, S, U, N 중에서 서로 다른 5개의 문자를 택하여 일렬로 나열할 때, 모음 3개, 자음 2개로 이루어진 문자열의 개수를 구하시오.

15

오른쪽 그림과 같이 원 위에 8개의 점이 같은 간격으로 놓여 있을 때, 이 중에서 3개의 점을 꼭짓점으로 하는 삼각형의 개수를 구하시오.

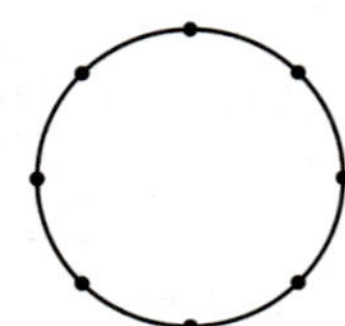

memo

9
교시

쉽고 빠르게 정리하는

9종 교과서 시크릿

수학 하

정답과 풀이

개념원리 수학연구소

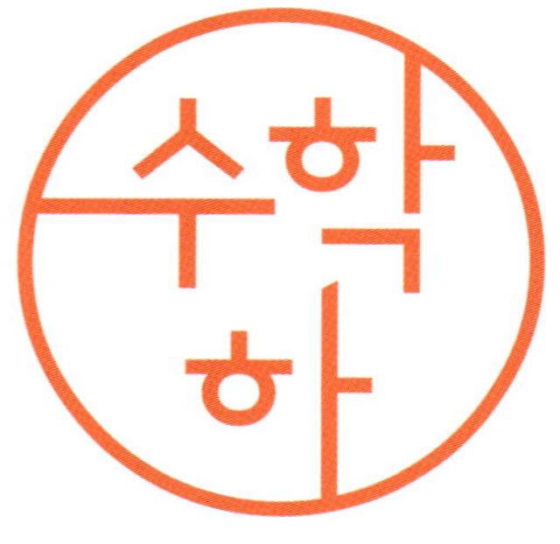

9교시

쉽고 빠르게 정리하는
수학 하
9종
교과서
시크릿
정답과 풀이

Ⅰ. 집합과 명제

되짚어 보기
> 본문 4쪽

01 (1) 2, 4, 6, 8, 10, 12, 14, 16, 18, 20
　　(2) 2, 3, 5, 7, 11, 13, 17, 19
　　(3) 1, 2, 4, 5, 10, 20
　　(4) 5, 10, 15, 20
02 (1) 12, 24, 36, 48, 60, ⋯
　　(2) 1, 2, 3, 6
03 (1) 두 변의 길이가 같은 삼각형
　　(2) 네 각의 크기가 모두 같은 사각형
　　(3) 삼각형의 한 내각의 크기가 90° 보다 큰 삼각형
　　(4) 두 쌍의 대변이 각각 서로 평행한 사각형
04 (1) $x=-2$　　(2) $x\leq2$
05 (1) $x=-1$ 또는 $x=4$　　(2) $x=-4$ 또는 $x=-2$
06 (1) $-1\leq x\leq5$　　(2) $x<-5$ 또는 $x>3$

[01 집합의 뜻과 표현]

교과서 유형 흐름잡기
> 본문 7~9쪽

유형 **1** ①, ③	1-1 ③, ④	1-2 ⑤
유형 **2** ⑤	2-1 ③, ④	2-2 ⑤
유형 **3** ③	3-1 ⑤	3-2 ⑤
유형 **4** ④	4-1 ②	4-2 ③
유형 **5** ②	5-1 3	5-2 10
유형 **6** ③	6-1 8	6-2 4

유형 1

② 10에 가깝다는 기준이 명확하지 않으므로 집합이 아니다.
④ 키가 크다는 기준이 명확하지 않으므로 집합이 아니다.
⑤ 작다는 기준이 명확하지 않으므로 집합이 아니다.
따라서 집합인 것은 ①, ③이다.　　답 ①, ③

1-1

① 아름답다는 기준이 명확하지 않으므로 집합이 아니다.
② 맛있다는 기준이 명확하지 않으므로 집합이 아니다.
⑤ 0에 가깝다는 기준이 명확하지 않으므로 집합이 아니다.
따라서 집합인 것은 ③, ④이다.　　답 ③, ④

1-2

ㄱ. 1보다 작은 자연수는 없다. 즉, 대상을 분명히 정할 수 있으므로 집합이다.
ㄴ. 2, 4, 6, 8로 대상을 분명히 정할 수 있으므로 집합이다.
ㄷ. 기준이 명확하여 대상을 분명히 정할 수 있으므로 집합이다.
따라서 ㄱ, ㄴ, ㄷ 모두 집합이다.　　답 ⑤

유형 2

$-3\leq2x-1\leq11$에서
$-2\leq2x\leq12$
$\therefore -1\leq x\leq6$
$\therefore A=\{-1, 0, 1, 2, 3, 4, 5, 6\}$
따라서 옳지 않은 것은 ⑤ $7\in A$이다.　　답 ⑤

2-1

$x^2-5x-14=0$에서
$(x+2)(x-7)=0$
$\therefore x=-2$ 또는 $x=7$
$\therefore A=\{-2, 7\}$
따라서 옳은 것은 ③ $1\not\in A$, ④ $7\in A$이다.　　답 ③, ④

2-2

$A=\{1, 3\}$, $B=\{1, 2, 4\}$이므로 $x\in A$, $y\in B$인 x, y에 대하여 xy의 값을 표로 나타내면 다음과 같다.

x ＼ y	1	2	4
1	1	2	4
3	3	6	12

$\therefore C=\{1, 2, 3, 4, 6, 12\}$
따라서 옳지 않은 것은 ⑤ $10\in C$이다.　　답 ⑤

유형 3

③ $C=\{\varnothing\}$의 원소는 $\varnothing$의 1개이므로 $n(C)=1$이다.
④ $D=\{2, 3, 5, 7\}$이므로 $n(D)=4$이다.
⑤ $E=\{1, 2, 5, 10\}$이므로 $n(E)=4$이고, $n(F)=4$이므로 $n(E)=n(F)$이다.
따라서 옳지 않은 것은 ③이다.　　답 ③

3-1

② $n(B)=0$이면 집합 B의 원소가 없으므로 $B=\varnothing$이다.

③ $C=\{\varnothing,\ 0\}$의 원소는 $\varnothing$, 0의 2개이므로 $n(C)=2$이다.

④ $D=\{1,\ 3,\ 5,\ 7,\ 9\}$이므로 $n(D)=5$이다.

⑤ $E=\{1,\ 2,\ 3\}$, $F=\{3\}$이면 $n(E)=3$, $n(F)=1$이므로 $n(E)\neq n(F)$이다.

따라서 옳지 않은 것은 ⑤이다. **답** ⑤

3-2

① $n(\{0\})=1$

② $n(\varnothing)=0$

③ $n(\{1,\ 2\})=2$, $n(\{3,\ 4\})=2$이므로 $n(\{1,\ 2\})=n(\{3,\ 4\})$

④ $n(\{2,\ 3,\ 4\})-n(\{3,\ 4\})=3-2=1$

⑤ $n(\{\varnothing\})=1$, $n(\{1\})=1$이므로 $n(\{\varnothing\})=n(\{1\})$

따라서 옳은 것은 ⑤이다. **답** ⑤

$A=\{1,\ 2,\ 3,\ 4,\ 5,\ 6\}$, $B=\{1,\ 3\}$, $C=\{1,\ 2,\ 3,\ 6\}$

$\therefore B\subset C\subset A$ **답** ④

4-1

$x\in A$, $y\in A$인 x, y에 대하여 $x+y$, xy의 값을 각각 표로 나타내면 다음과 같다.

$x+y$	0	1	2
0	0	1	2
1	1	2	3
2	2	3	4

xy	0	1	2
0	0	0	0
1	0	1	2
2	0	2	4

$\therefore A=\{0,\ 1,\ 2\}$, $B=\{0,\ 1,\ 2,\ 3,\ 4\}$, $C=\{0,\ 1,\ 2,\ 4\}$

$\therefore A\subset C\subset B$ **답** ②

4-2

$A=\{x\,|\,2x+1>1\}=\{x\,|\,x>0\}$,

$B=\{x\,|\,x>a\}$, $C=\{x\,|\,x\geq 4\}$

이때 $C\subset B\subset A$가 성립하도록 세 집합 A, B, C를 수직선 위에 나타내면 다음 그림과 같다.

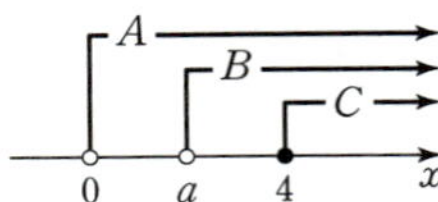

$\therefore 0\leq a<4$ **답** ③

$A=B$이므로 $2a-b=5$, $a+b=4$

두 식을 연립하여 풀면 $a=3$, $b=1$

$\therefore a-b=3-1=2$ **답** ②

5-1

$A=B$이고, $x-2<x+1<x+2$이므로

$x-2=1$, $x+1=4$, $x+2=5$

$\therefore x=3$ **답** 3

5-2

$A\subset B$이고 $B\subset A$이므로 $A=B$이다.

집합 B의 원소 중 y, $y+3$의 차가 3이므로

$y=2$, $y+3=5$, $x-1=7$

따라서 $x=8$, $y=2$이므로

$x+y=8+2=10$ **답** 10

집합 $A=\{1,\ 3,\ 5,\ 7,\ 9\}$의 부분집합 중에서 1은 반드시 원소로 갖고, 7, 9는 원소로 갖지 않는 부분집합의 개수는

$2^{5-1-2}=2^2=4$ **답** ③

6-1

집합 $A=\{a,\ b,\ c,\ d,\ e,\ f,\ g\}$의 부분집합 중에서 a, c, e는 반드시 원소로 갖고, b는 원소로 갖지 않는 부분집합의 개수는

$2^{7-3-1}=2^3=8$ **답** 8

6-2

$A=\{1,\ 3,\ 5,\ 15\}$

집합 X의 개수는 집합 A의 부분집합 중에서 3, 5를 반드시 원소로 갖는 부분집합의 개수와 같으므로

$2^{4-2}=2^2=4$ **답** 4

▶ 본문 10~11쪽

01 ③	02 ③, ④	03 ④	04 ①	05 ⑤
06 ⑤	07 ②	08 ③	09 ④	10 2
11 ①, ③	12 ④	13 12	14 ④	15 ③

01

ㄴ, ㄹ. '날씬한', '잘생긴'은 기준이 명확하지 않으므로 집합이 아니다.

따라서 집합인 것은 ㄱ, ㄷ의 2개이다. **답** ③

02

$A=\{$수리부엉이, 청둥오리, 독수리, 타조$\}$이므로
① 반달가슴곰 $\not\in A$
② 타조 $\in A$
⑤ 비단구렁이 $\not\in A$
따라서 옳은 것은 ③, ④이다.   **답** ③, ④

03

① $\{3,\ 6,\ 9,\ 12,\ 15,\ \cdots\}$ ⇨ 무한집합
② $\{1,\ 0,\ -1,\ -2,\ \cdots\}$ ⇨ 무한집합
③ $\{x\,|\,-1<x<1\}$ ⇨ 무한집합
④ $\{10,\ 11,\ 12,\ \cdots,\ 99\}$ ⇨ 유한집합
⑤ $\{1,\ 3,\ 5,\ 7,\ 9,\ \cdots\}$ ⇨ 무한집합
따라서 유한집합인 것은 ④이다.   **답** ④

04

② $n(\{a,\ b,\ 1,\ 2\})=4$
③ $n(\{2\})=1$
④ $n(\{0\})+n(\varnothing)=1+0=1$
⑤ $n(\{1,\ 2,\ 3\})-n(\{1,\ 2\})=3-2=1$
따라서 옳은 것은 ①이다.   **답** ①

05

$B\subset A$이므로 $\square$ 안에는 18의 양의 약수가 들어갈 수 있다.
18의 양의 약수는
$1,\ 2,\ 3,\ 6,\ 9,\ 18$
이므로 $\square$ 안에 들어갈 수 없는 수는 ⑤이다.   **답** ⑤

06

집합 A의 원소는 $\varnothing,\ 0,\ 1,\ \{0,\ 1\}$이다.
④ $1\in A$이므로 $\{1\}\subset A$이다.
⑤ $\varnothing\in A,\ 0\in A$이므로 $\{\varnothing,\ 0\}\subset A$이다.
따라서 옳지 않은 것은 ⑤이다.   **답** ⑤

07

$A=\{s,\ u,\ n\},\ B=\{s,\ u,\ n,\ d,\ a,\ y\},\ C=\{s,\ u,\ n,\ y\}$
$\therefore A\subset C\subset B$ **답** ②

08

$A\subset B$가 성립하려면 $2\in B,\ 4\in B$이어야 한다.
(i) $a+1=4$, 즉 $a=3$일 때, $A=\{2,\ 4\},\ B=\{0,\ 1,\ 2,\ 4\}$
    이므로 $A\subset B$가 성립한다.
(ii) $3a-8=4$, 즉 $a=4$일 때, $A=\{2,\ 4\},\ B=\{0,\ 2,\ 4,\ 5\}$
    이므로 $A\subset B$가 성립한다.
(i), (ii)에서 $a=3$ 또는 $a=4$이므로 모든 자연수 a의 값의 합은
$3+4=7$ **답** ③

09

$A=\{3,\ 7,\ 11\}$이므로
① $n(A)=3$
② 원소가 1개인 A의 부분집합은 $\{3\},\ \{7\},\ \{11\}$의 3개이다.
③ 원소가 2개인 A의 부분집합은 $\{3,\ 7\},\ \{3,\ 11\},\ \{7,\ 11\}$의
    3개이다.
④ 원소가 3개인 A의 부분집합은 $\{3,\ 7,\ 11\}$의 1개이다.
⑤ $\varnothing$은 모든 집합의 부분집합이므로 A의 부분집합이다.
따라서 옳지 않은 것은 ④이다.   **답** ④

10

$A=B$이므로
(i) $a+1=2,\ a^2-2=3$일 때, 두 식을 동시에 만족시키는 a의
    값은 없다.
(ii) $a+1=3,\ a^2-2=2$일 때, $a=2$
(i), (ii)에서 $a=2$ **답** 2

11

③ $\{-1,\ 1\}$
④ $\{-1,\ 0,\ 1,\ 2,\ \cdots\}$
⑤ $\{-1,\ 0,\ 1\}$
따라서 집합 $\{-1,\ 0,\ 1\}$의 진부분집합인 것은 ①, ③이다.
    답 ①, ③

12

① $\{1,\ 2,\ 3,\ 4,\ 5\}$ ⇨ $2^5=32$
② $\{1,\ 2,\ 3,\ 4,\ 6,\ 12\}$ ⇨ $2^6=64$
③ $\{2,\ 3,\ 5\}$ ⇨ $2^3=8$
④ $\{4,\ 8,\ 12,\ 16\}$ ⇨ $2^4=16$
⑤ $\{1,\ 2,\ 3,\ \cdots,\ 16\}$ ⇨ 2^{16}
따라서 부분집합의 개수가 16인 것은 ④이다.   **답** ④

13

$A=\{1,\ 2,\ 3,\ 4,\ 5\}$의 부분집합 중에서
1, 3을 반드시 원소로 갖는 집합의 개수는
$2^{5-2}=2^3=8$
$\therefore x=8$
2는 반드시 원소로 갖고 1, 5는 원소로 갖지 않는 집합의 개수는
$2^{5-1-2}=2^2=4$
$\therefore y=4$
$\therefore x+y=8+4=12$ **답** 12

14

$x^2-4x+3=0$에서

$(x-1)(x-3)=0$

$\therefore x=1$ 또는 $x=3$

$\therefore A=\{1, 3\}$, $B=\{1, 2, 3, 4, 6, 8, 12, 24\}$

$A \subset X \subset B$이므로 집합 X는 집합 B의 부분집합 중에서 1, 3을 반드시 원소로 갖는 집합이다.

이때 $X \neq A$, $X \neq B$이므로 집합 X의 개수는

$2^{8-2}-2=2^6-2=64-2=62$

답 ④

15

집합 A의 부분집합의 개수는 $2^5=32$

집합 A의 부분집합 중에서 홀수만을 원소로 갖는 집합의 개수는 집합 $\{1, 3, 5\}$의 부분집합의 개수와 같으므로

$2^3=8$

따라서 집합 A의 부분집합 중 적어도 한 개의 짝수를 원소로 갖는 집합의 개수는

$32-8=24$

답 ③

[02 집합의 연산]

유형 1 ②	1-1 ⑤	1-2 15
유형 2 ⑤	2-1 ⑤	2-2 ㄱ, ㄹ
유형 3 ⑤	3-1 ③	3-2 ②
유형 4 ⑤	4-1 ②	4-2 ①
유형 5 ④	5-1 8	5-2 42
유형 6 ④	6-1 15	6-2 18

유형 1

$U=\{1, 2, 3, \cdots, 12\}$,

$A=\{2, 4, 6, 8, 10, 12\}$, $B=\{1, 2, 3, 4, 6, 12\}$

① $A \cap B=\{2, 4, 6, 12\}$

② $A \cup B=\{1, 2, 3, 4, 6, 8, 10, 12\}$이므로

$\quad (A \cup B)^C=\{5, 7, 9, 11\}$

③ $B^C=\{5, 7, 8, 9, 10, 11\}$

④ $A-B=\{8, 10\}$

⑤ $B-A=\{1, 3\}$

따라서 옳은 것은 ②이다.

답 ②

1-1

$U=\{1, 2, 3, \cdots, 10\}$,

$A=\{2, 4, 6, 8, 10\}$, $B=\{3, 6, 9\}$

① $A \cap B=\{6\}$

② $A \cup B=\{2, 3, 4, 6, 8, 9, 10\}$이므로

$\quad (A \cup B)^C=\{1, 5, 7\}$

③ $B^C=\{1, 2, 4, 5, 7, 8, 10\}$

④ $A-B=\{2, 4, 8, 10\}$

⑤ $B-A=\{3, 9\}$

따라서 옳은 것은 ⑤이다.

답 ⑤

1-2

$x \in A$, $y \in A$인 x, y에 대하여 $x+y$, xy의 값을 각각 표로 나타내면 다음과 같다.

$x+y$	2	3
2	4	5
3	5	6

xy	2	3
2	4	6
3	6	9

즉, $B=\{4, 5, 6\}$, $C=\{4, 6, 9\}$이므로

$B \cap C=\{4, 6\}$

$\therefore A \cup (B \cap C)=\{2, 3\} \cup \{4, 6\}$

$\qquad\qquad\qquad = \{2, 3, 4, 6\}$

따라서 집합 $A \cup (B \cap C)$의 모든 원소의 합은

$2+3+4+6=15$

답 15

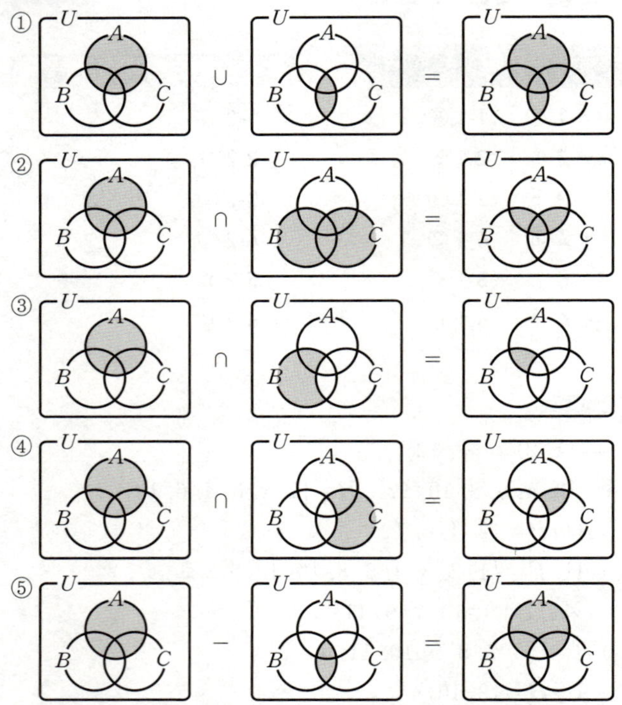

따라서 주어진 벤다이어그램의 색칠한 부분을 나타내는 집합은 ⑤이다.　답 ⑤

2-2

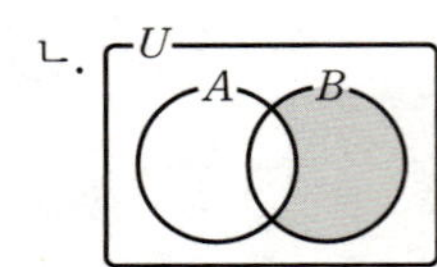　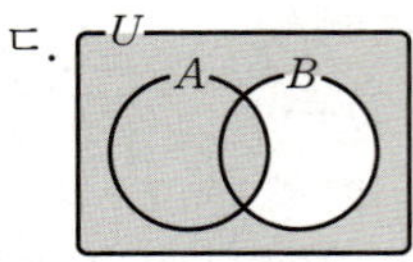

따라서 주어진 벤다이어그램의 색칠한 부분을 나타내는 집합인 것은 ㄱ, ㄹ이다.　답 ㄱ, ㄹ

유형 3

① $A \cup B = B$　② $A \cap B = A$
③ $A - B = \varnothing$　④ $B^C \subset A^C$
⑤ $B^C \subset A^C$이므로 $B^C - A^C = \varnothing$
따라서 옳은 것은 ⑤이다.

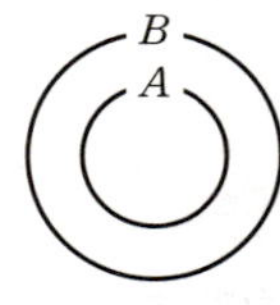

답 ⑤

3-1

③ $A \cup B = A$이므로 $(A \cup B) \not\subset B$
⑤ $A^C \subset B^C$이므로 $A^C \cap B^C = A^C$
따라서 옳지 않은 것은 ③이다.

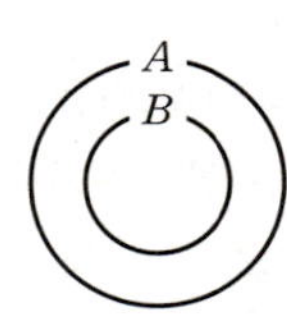

답 ③

3-2

② $U \cap A^C = A^C$
③ $U^C = \varnothing$이고, $\varnothing \subset A$이므로 $U^C \subset A$
따라서 옳지 않은 것은 ②이다.　답 ②

유형 4

$$A - (A - B) = A - (A \cap B^C)$$
$$= A \cap (A \cap B^C)^C$$
$$= A \cap (A^C \cup B)$$
$$= (A \cap A^C) \cup (A \cap B)$$
$$= \varnothing \cup (A \cap B)$$
$$= A \cap B$$

답 ⑤

4-1

$$(A - B) \cup (A - C) = (A \cap B^C) \cup (A \cap C^C)$$
$$= A \cap (B^C \cup C^C)$$
$$= A \cap (B \cap C)^C$$
$$= A - (B \cap C)$$

답 ②

4-2

$$\{(A - B) \cup (A \cap B)\} \cap B$$
$$= \{(A \cap B^C) \cup (A \cap B)\} \cap B$$
$$= \{A \cap (B^C \cup B)\} \cap B$$
$$= (A \cap U) \cap B$$
$$= A \cap B$$

따라서 $A \cap B = A$이므로 $A \subset B$　답 ①

2-1

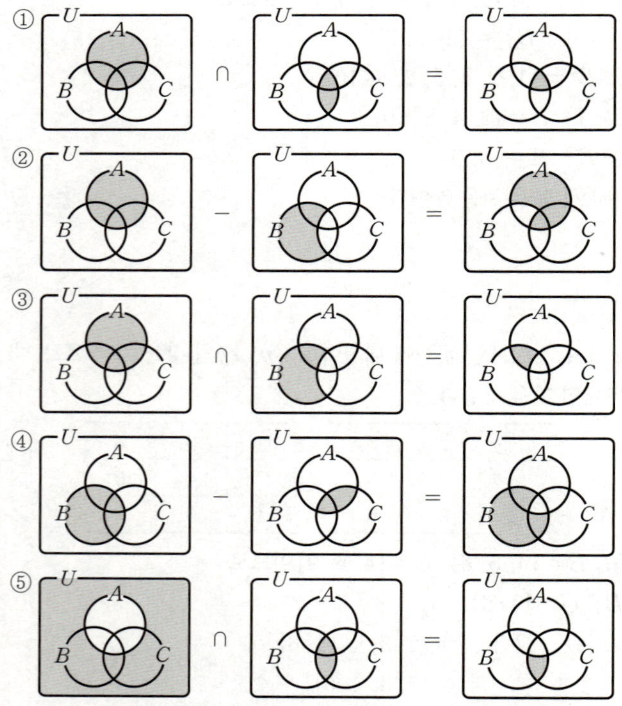

따라서 주어진 벤다이어그램의 색칠한 부분을 나타내는 집합은 ⑤이다.　답 ⑤

유형 5

$$n(A \cap B^C) = n(A - B)$$
$$= n(A) - n(A \cap B)$$
$$= 27 - 10 = 17$$

답 ④

5-1

$$n(A^C \cap B) = n(B \cap A^C)$$
$$= n(B - A)$$
$$= n(B) - n(A \cap B)$$
$$= 32 - 24 = 8$$

답 8

5-2

$A^C \cap B^C = (A \cup B)^C$이므로
$$n(A^C \cap B^C) = n(U) - n(A \cup B)$$에서
$$34 = 60 - n(A \cup B) \qquad \therefore n(A \cup B) = 26$$
$n(A \cup B) = n(A) + n(B) - n(A \cap B)$이므로
$$n(A) + n(B) = n(A \cup B) + n(A \cap B)$$
$$= 26 + 16 = 42$$

답 42

유형 6

A문제를 푼 학생의 집합을 A, B문제를 푼 학생의 집합을 B라 하면
$$n(A) = 18, \ n(B) = 20, \ n(A \cup B) = 27$$
A문제와 B문제를 모두 푼 학생의 집합은 $A \cap B$이므로
$$n(A \cup B) = n(A) + n(B) - n(A \cap B)$$에서
$$27 = 18 + 20 - n(A \cap B) \qquad \therefore n(A \cap B) = 11$$
따라서 A문제와 B문제를 모두 푼 학생은 11명이다.

답 ④

6-1

영어를 신청한 학생의 집합을 A, 수학을 신청한 학생의 집합을 B라 하면
$$n(A) = 23, \ n(B) = 25, \ n(A \cup B) = 33$$
영어와 수학을 모두 신청한 학생의 집합은 $A \cap B$이므로
$$n(A \cup B) = n(A) + n(B) - n(A \cap B)$$에서
$$33 = 23 + 25 - n(A \cap B)$$
$$\therefore n(A \cap B) = 15$$
따라서 영어와 수학을 모두 신청한 학생은 15명이다.

답 15

6-2

100명의 학생 전체의 집합을 U, 축구를 좋아하는 학생의 집합을 A, 야구를 좋아하는 학생의 집합을 B라 하면
$$n(U) = 100, \ n(A) = 47, \ n(B) = 65, \ n(A \cap B) = 30$$
축구와 야구 중 어느 것도 좋아하지 않는 학생의 집합은 $A^C \cap B^C$이다.

이때 $A^C \cap B^C = (A \cup B)^C$이고,
$$n(A \cup B) = n(A) + n(B) - n(A \cap B)$$
$$= 47 + 65 - 30 = 82$$
이므로
$$n(A^C \cap B^C) = n((A \cup B)^C)$$
$$= n(U) - n(A \cup B)$$
$$= 100 - 82 = 18$$
따라서 축구와 야구 중 어느 것도 좋아하지 않는 학생은 18명이다.

답 18

교과서 문제 정복하기

▶ 본문 16~17쪽

01 ②	02 ④	03 ③	04 ②	05 ④
06 4	07 ①	08 ④	09 ②	10 ④
11 ⑤	12 ③	13 24	14 ④	

01

$$U = \{1, 2, 3, \cdots, 10\},$$
$$A = \{1, 3, 9\}, \ B = \{2, 3, 5, 7\}$$이므로
① $A \cap B = \{3\}$
③ $B - A = \{2, 5, 7\}$
④ $A - B = \{1, 9\}$
⑤ $A^C = \{2, 4, 5, 6, 7, 8, 10\}$
따라서 옳은 것은 ②이다.

답 ②

02

① $\{1, 2, 3, 4, \cdots\}$
② $\{2, 3, 5, 7, \cdots\}$
③ $\{1, 2, 13, 26\}$
④ $\{-8, -2\}$
따라서 집합 $\{2, 4, 6, 8\}$과 서로소인 것은 ④이다.

답 ④

03

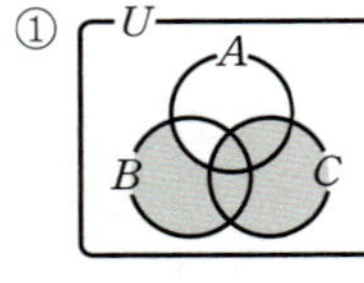
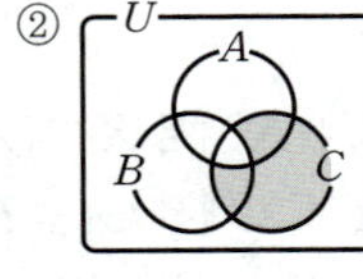
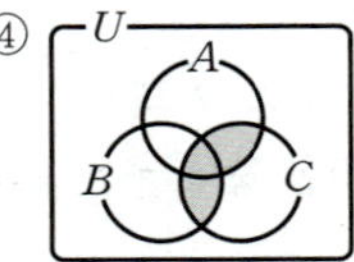
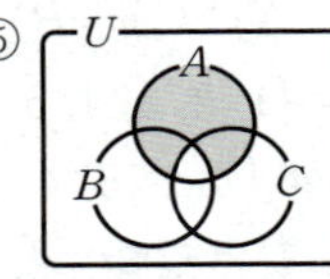

따라서 주어진 벤다이어그램의 색칠한 부분을 나타내는 집합은 ③이다.

답 ③

04

$U=\{1, 2, 3, 4, 6, 12\}$

주어진 조건을 벤다이어그램으로 나타
내면 오른쪽 그림과 같다.

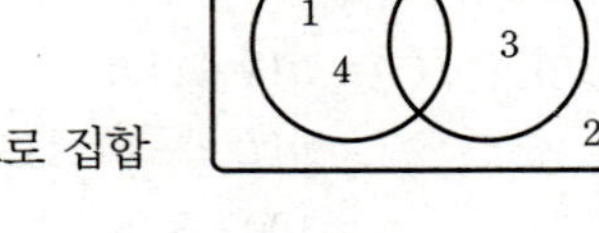

$\therefore A\cap B=\{6, 12\}$

따라서 $A=\{1, 4, 6, 12\}$이므로 집합
A의 모든 원소의 합은

$1+4+6+12=23$

답 ②

05

$2\in A$이므로

$3a+5=2$ $\therefore a=-1$

$1\in B$, $2\in B$이므로

(i) $b=1$이면 $B=\{-4, -1, 1\}$

    이때 $A\cap B=\{1\}$이므로 조건을 만족시키지 않는다.

(ii) $b=2$이면 $B=\{-4, 1, 2\}$

    이때 $A\cap B=\{1, 2\}$이므로 조건을 만족시킨다.

따라서 $a=-1$, $b=2$이므로

$a+b=-1+2=1$

답 ④

06

$A\cap B=A$이므로 $A\subset B$

$A\subset B$를 만족시키도록 두 집합
A, B를 수직선 위에 나타내면 오
른쪽 그림과 같다.

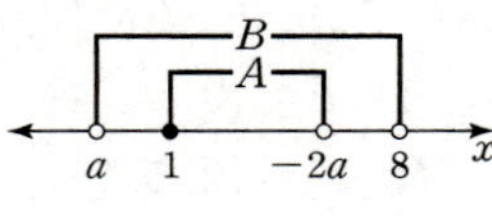

즉, $a<1$, $-2a\leq 8$이어야 하고, $a<-\dfrac{1}{2}$이므로

$-4\leq a<-\dfrac{1}{2}$

따라서 정수 a는 -4, -3, -2, -1의 4개이다.

답 4

07

$(A\cap B^C)\cup(B-A)=(A-B)\cup(B-A)=\varnothing$이므로

$A-B=\varnothing$이고 $B-A=\varnothing$

따라서 $A\subset B$이고 $B\subset A$이므로

$A=B$

답 ①

08

$(A\cup B)\cap X=X$에서 $X\subset(A\cup B)$

$(A-B)\cup X=X$에서 $(A-B)\subset X$

$\therefore (A-B)\subset X\subset(A\cup B)$

이때 $A\cup B=\{1, 2, 3, 4, 5, 6\}$, $A-B=\{1, 2\}$이므로
집합 X는 집합 $\{1, 2, 3, 4, 5, 6\}$의 부분집합 중에서 1, 2를
반드시 원소로 갖는 집합이다.

따라서 집합 X의 개수는

$2^{6-2}=2^4=16$

답 ④

09

㈎ 드모르간의 법칙, ㈏ 결합법칙

답 ②

10

$$(A\cup B)-(A^C\cup B^C)^C=(A\cup B)-(A\cap B)$$
$$=\{2, 3, 4, 6\}-\{3\}$$
$$=\{2, 4, 6\}$$

따라서 구하는 곱은

$2\times 4\times 6=48$

답 ④

11

⑤ $n(A-B)=n(A)-n(A\cap B)$
$$=6-2=4$$

답 ⑤

12

$n(A^C\cap B^C)=n((A\cup B)^C)=n(U)-n(A\cup B)$이므로

$n(A\cup B)=n(U)-n(A^C\cap B^C)=30-6=24$

$n(A-B)=n(A\cup B)-n(B)$이므로

$n(B)=n(A\cup B)-n(A-B)=24-10=14$

답 ③

13

$$n(A\cap B)=n(A)+n(B)-n(A\cup B)$$
$$=24+20-n(A\cup B)$$
$$=44-n(A\cup B)$$

(i) $n(A\cap B)$가 최대인 경우는 $n(A\cup B)$가 최소일 때이므로
$B\subset A$일 때이다.

    즉, $n(A\cup B)=n(A)=24$일 때이므로 $n(A\cap B)$의 최
댓값은 $44-24=20$

(ii) $n(A\cap B)$가 최소인 경우는 $n(A\cup B)$가 최대일 때이므로
$A\cup B=U$일 때이다.

    즉, $n(A\cup B)=n(U)=40$일 때이므로 $n(A\cap B)$의 최
솟값은 $44-40=4$

따라서 구하는 합은

$20+4=24$

답 24

14

1반 전체 학생의 집합을 U, 안경 쓴 학생의 집합을 A, 머리를
묶은 학생의 집합을 B라 하면

$n(A)=25$, $n(B)=9$, $n(A\cap B)=8$,

$n(A^C\cap B^C)=n((A\cup B)^C)=4$

$$n(A\cup B)=n(A)+n(B)-n(A\cap B)$$
$$=25+9-8=26$$

이므로

$$n(U)=n(A\cup B)+n((A\cup B)^C)$$
$$=26+4=30$$

따라서 1반 전체 학생 수는 30이다.

답 ④

교과서 유형 흐름잡기
▶ 본문 19~21쪽

유형 **1** ④	**1**-1 $\{4, 8\}$	**1**-2 9
유형 **2** ④	**2**-1 ⑤	**2**-2 ㄱ, ㄷ
유형 **3** ③	**3**-1 -3	**3**-2 ③
유형 **4** ④	**4**-1 ①	**4**-2 ㄱ, ㄴ, ㄷ
유형 **5** ②	**5**-1 (1) 충분 (2) 필요충분	
	5-2 ③	
유형 **6** (가) $\sqrt{ab}$ (나) $\sqrt{b}$ (다) $a=b$		
	6-1 (가) ab (나) $\frac{3}{4}b^2$ (다) $a=b=0$	
	6-2 풀이 참조	

유형 1

두 조건 p, q의 진리집합을 각각 P, Q라 하면
$P=\{2, 4, 6, 8\}$, $Q=\{2, 3, 5, 7\}$
조건 'p 또는 $\sim q$'의 진리집합은 $P\cup Q^C$이고
$Q^C=\{1, 4, 6, 8\}$이므로
$P\cup Q^C=\{1, 2, 4, 6, 8\}$　　　　　　　　　답 ④

1-1

두 조건 p, q의 진리집합을 각각 P, Q라 하면
$P=\{1, 2, 3, 6\}$, $Q=\{4, 8\}$
조건 '$\sim p$이고 q'의 진리집합은 $P^C\cap Q$이고
$P^C=\{4, 5, 7, 8, 9\}$이므로
$P^C\cap Q=\{4, 8\}$　　　　　　　　답 $\{4, 8\}$

1-2

조건 p에서 $P=\{0, 1, 2, 3, 4\}$
조건 q에서 $x(x-1)=0$　　∴ $x=0$ 또는 $x=1$
즉, $Q=\{0, 1\}$이므로 $Q^C=\{2, 3, 4, 5\}$
∴ $P\cap Q^C=\{2, 3, 4\}$
따라서 구하는 모든 원소의 합은
$2+3+4=9$　　　　　　　　　　答 9

유형 2

두 조건 p, q의 진리집합을 각각 P, Q라 하자.
① $p : x$는 소수이다., $q : x$는 홀수이다.
　라 하면
　$P=\{2, 3, 5, 7, \cdots\}$, $Q=\{1, 3, 5, 7, \cdots\}$
　$P\not\subset Q$이므로 명제 $p \longrightarrow q$는 거짓이다.
② $p : n$은 짝수이다., $q : n$은 4의 배수이다.
　라 하면
　$P=\{2, 4, 6, 8, \cdots\}$, $Q=\{4, 8, 12, \cdots\}$
　$P\not\subset Q$이므로 명제 $p \longrightarrow q$는 거짓이다.

③ $p : x^2=1$, $q : x=1$이라 하면
　$P=\{-1, 1\}$, $Q=\{1\}$
　$P\not\subset Q$이므로 명제 $p \longrightarrow q$는 거짓이다.
④ $p : x=2$, $q : x^2-x-2=0$이라 하면
　$x^2-x-2=0$에서 $(x+1)(x-2)=0$
　∴ $x=-1$ 또는 $x=2$
　즉, $P=\{2\}$, $Q=\{-1, 2\}$
　$P\subset Q$이므로 명제 $p \longrightarrow q$는 참이다.
⑤ 평행사변형 중에는 직사각형이 아닌 것도 있으므로 주어진
　명제는 거짓이다.
따라서 참인 명제는 ④이다.　　　　　　　답 ④

2-1

두 조건 p, q의 진리집합을 각각 P, Q라 하자.
① $p : x$는 5의 약수이다., $q : x$는 소수이다.
　라 하면
　$P=\{1, 5\}$, $Q=\{2, 3, 5, 7, \cdots\}$
　$P\not\subset Q$이므로 명제 $p \longrightarrow q$는 거짓이다.
② $p : n$은 3의 배수이다., $q : n$은 6의 배수이다.
　라 하면
　$P=\{3, 6, 9, 12, \cdots\}$, $Q=\{6, 12, 18, \cdots\}$
　$P\not\subset Q$이므로 명제 $p \longrightarrow q$는 거짓이다.
③ $p : x^2\geq4$, $q : x\geq2$라 하면
　$P=\{x\,|\,x\leq-2$ 또는 $x\geq2\}$, $Q=\{x\,|\,x\geq2\}$
　$P\not\subset Q$이므로 명제 $p \longrightarrow q$는 거짓이다.
④ $p : x=1$, $q : 3x-1=4$라 하면
　$3x-1=4$에서 $x=\dfrac{5}{3}$
　즉, $P=\{1\}$, $Q=\left\{\dfrac{5}{3}\right\}$
　$P\not\subset Q$이므로 명제 $p \longrightarrow q$는 거짓이다.
⑤ 정삼각형은 모두 이등변삼각형이므로 주어진 명제는 참이다.
따라서 참인 명제는 ⑤이다.　　　　　　　답 ⑤

2-2

두 조건 p, q의 진리집합을 각각 P, Q라 하자.
ㄱ. $P=\{6, 12, 18, \cdots\}$, $Q=\{8, 16, 24, \cdots\}$
　$P\not\subset Q$이므로 명제 $p \longrightarrow q$는 거짓이다.
ㄴ. $P\subset Q$이므로 명제 $p \longrightarrow q$는 참이다.
ㄷ. [반례] $x=0$, $y=2$이면 $x+y=2$이지만 $x<1$이다.
따라서 명제 $p \longrightarrow q$가 거짓인 것은 ㄱ, ㄷ이다.　　답 ㄱ, ㄷ

유형 3

조건 q에서 $a-3<x<a+3$
두 조건 p, q의 진리집합을 각각 P, Q라 하면

$P=\{x\,|-1<x\leq 2\}$, $Q=\{x\,|\,a-3<x<a+3\}$
명제 $p \longrightarrow q$가 참이 되려면 $P\subset Q$이어야 하므로 두 집합 P, Q를 수직선 위에 나타내면 다음 그림과 같다.

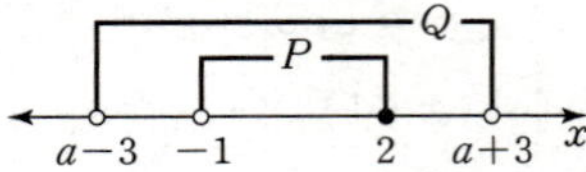

이때 $a-3\leq -1$, $2<a+3$이어야 하므로
$-1<a\leq 2$
따라서 정수 a의 최댓값은 2, 최솟값은 0이므로
$M=2$, $m=0$
$\therefore M+m=2+0=2$ **답** ③

3-1

조건 p에서
$-2<2x<6$ $\therefore -1<x<3$
두 조건 p, q의 진리집합을 각각 P, Q라 하면
$P=\{x\,|-1<x<3\}$, $Q=\{x\,|\,a\leq x\leq b\}$
명제 $p \longrightarrow q$가 참이 되려면 $P\subset Q$이어야 하므로 두 집합 P, Q를 수직선 위에 나타내면 다음 그림과 같다.

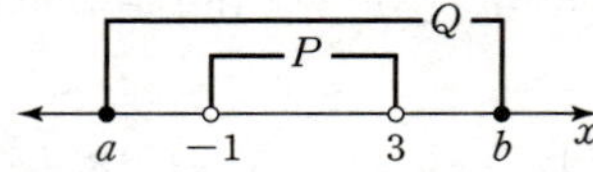

$\therefore a\leq -1$, $b\geq 3$
따라서 a의 최댓값은 -1, b의 최솟값은 3이므로
$M=-1$, $m=3$
$\therefore Mm=(-1)\times 3=-3$ **답** -3

3-2

$p:x\geq 1$, $q:3x+a<4x-2a$라 하자.
조건 q에서
$-x<-3a$ $\therefore x>3a$
두 조건 p, q의 진리집합을 각각 P, Q라 하면
$P=\{x\,|\,x\geq 1\}$, $Q=\{x\,|\,x>3a\}$
명제 $p \longrightarrow q$가 참이 되려면 $P\subset Q$이어야 하므로 두 집합 P, Q를 수직선 위에 나타내면 다음 그림과 같다.

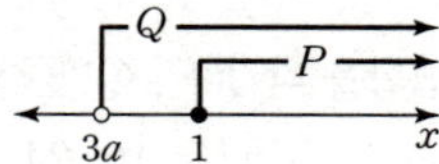

이때 $3a<1$에서 $a<\dfrac{1}{3}$ **답** ③

①, ② 두 명제 $p \longrightarrow q$, $q \longrightarrow \sim r$가 모두 참이므로
   $p \longrightarrow \sim r$가 참이고, 그 대우인 $r \longrightarrow \sim p$도 참이다.
③, ⑤ 두 명제 $p \longrightarrow q$, $q \longrightarrow \sim r$가 모두 참이므로 각각의 대
   우인 $\sim q \longrightarrow \sim p$, $r \longrightarrow \sim q$가 모두 참이다.
따라서 반드시 참이라고 할 수 없는 명제는 ④이다.   **답** ④

4-1

③, ④ 두 명제 $p \longrightarrow \sim q$, $\sim r \longrightarrow q$가 모두 참이므로 각각의
   대우인 $q \longrightarrow \sim p$, $\sim q \longrightarrow r$가 모두 참이다.
②, ⑤ 두 명제 $p \longrightarrow \sim q$, $\sim q \longrightarrow r$가 모두 참이므로
   $p \longrightarrow r$가 참이고, 그 대우인 $\sim r \longrightarrow \sim p$가 참이다.
따라서 반드시 참이라고 할 수 없는 명제는 ①이다.   **답** ①

4-2

$P\subset R$, $R\subset Q$이므로 두 명제 $p \longrightarrow r$, $r \longrightarrow q$가 참이다.
ㄱ, ㄴ, ㄷ. 두 명제 $p \longrightarrow r$, $r \longrightarrow q$가 모두 참이므로
   $p \longrightarrow q$가 참이고, 그 대우인 $\sim q \longrightarrow \sim p$도 참이다.
따라서 참인 명제는 ㄱ, ㄴ, ㄷ이다.   **답** ㄱ, ㄴ, ㄷ

$|x|+|y|=0 \Longleftrightarrow x=0,\ y=0$
$x=0,\ y=0 \Longrightarrow x=0$ 또는 $y=0$
따라서 $|x|+|y|=0$은 $x=0$ 또는 $y=0$이기 위한 보기 충분 조건이다.
$A\cap B=A \Longleftrightarrow A\subset B$
$A=B \Longrightarrow A\subset B$
따라서 $A\cap B=A$는 $A=B$이기 위한 보기 필요 조건이다.
    답 ②

5-1

(1) $x^2+y^2=0 \Longleftrightarrow x=0,\ y=0$
   $xy=0 \Longleftrightarrow x=0$ 또는 $y=0$
   $x=0,\ y=0 \Longrightarrow x=0$ 또는 $y=0$
   따라서 $x^2+y^2=0$은 $xy=0$이기 위한 보기 충분 조건이다.
(2) $A-B=\varnothing \Longleftrightarrow A\subset B$
   따라서 $A\subset B$는 $A-B=\varnothing$이기 위한 보기 필요충분 조건이다.
    답 (1) **충분** (2) **필요충분**

5-2

① $q:x^2=4$에서 $x=-2$ 또는 $x=2$
   즉, $p \Longrightarrow q$, $q \nRightarrow p$이므로 p는 q이기 위한 충분조건이다.
② $q:|x|<1$에서 $-1<x<1$
   즉, $p \Longrightarrow q$, $q \nRightarrow p$이므로 p는 q이기 위한 충분조건이다.
③ $p:x^2>0$에서 $x<0$ 또는 $x>0$
   즉, $p \nRightarrow q$, $q \Longrightarrow p$이므로 p는 q이기 위한 필요조건이다.
④ $x=y$의 양변에 z를 더하면 $x+z=y+z$
   즉, $p \Longleftrightarrow q$이므로 p는 q이기 위한 필요충분조건이다.
⑤ $q:(x-y)(y-z)=0$에서 $x=y$ 또는 $y=z$
   즉, $p \Longrightarrow q$, $q \nRightarrow p$이므로 p는 q이기 위한 충분조건이다.
따라서 p가 q이기 위한 필요조건이지만 충분조건은 아닌 것은 ③이다.   **답** ③

$a>0$, $b>0$이므로

$$\dfrac{a+b}{2}-\boxed{\sqrt{ab}}=\dfrac{a-2\sqrt{ab}+b}{2}$$

$$=\dfrac{(\sqrt{a})^2-2\sqrt{a}\sqrt{b}+(\boxed{\sqrt{b}})^2}{2}$$

$$=\dfrac{(\sqrt{a}-\sqrt{b})^2}{2}\geq0$$

따라서 $\dfrac{a+b}{2}-\sqrt{ab}\geq0$이므로 $\dfrac{a+b}{2}\geq\sqrt{ab}$이다.

(단, 등호는 $\sqrt{a}=\sqrt{b}$, 즉 $\boxed{a=b}$일 때 성립)

답 ㈎ $\sqrt{ab}$ ㈏ $\sqrt{b}$ ㈐ $a=b$

6-1

$$a^2+b^2+\boxed{ab}=a^2+ab+\dfrac{1}{4}b^2+\dfrac{3}{4}b^2$$

$$=\left(a+\dfrac{1}{2}b\right)^2+\boxed{\dfrac{3}{4}b^2}$$

a, b가 실수이므로 $\left(a+\dfrac{1}{2}b\right)^2\geq0$, $\dfrac{3}{4}b^2\geq0$

따라서 $\left(a+\dfrac{1}{2}b\right)^2+\dfrac{3}{4}b^2\geq0$이므로

$a^2+b^2+ab\geq0$

$\therefore a^2+b^2\geq-ab$ (단, 등호는 $\boxed{a=b=0}$일 때 성립)

답 ㈎ ab ㈏ $\dfrac{3}{4}b^2$ ㈐ $a=b=0$

6-2

$a>0$, $b>0$이므로

$$(\sqrt{a}+\sqrt{b})^2-(\sqrt{a+b})^2=a+b+2\sqrt{a}\sqrt{b}-(a+b)$$

$$=2\sqrt{a}\sqrt{b}>0$$

$\therefore (\sqrt{a}+\sqrt{b})^2>(\sqrt{a+b})^2$

이때 $\sqrt{a}+\sqrt{b}>0$, $\sqrt{a+b}>0$이므로

$\sqrt{a}+\sqrt{b}>\sqrt{a+b}$

답 풀이 참조

교과서 문제 정복하기

▶ 본문 22~23쪽

01 ②	**02** ⑤	**03** 6	**04** ⑤	**05** ⑤
06 ①, ③	**07** ⑤	**08** ①	**09** A, C	
10 ㈎ 유리수 ㈏ $2m^2$ ㈐ 2			**11** ②	**12** ④
13 4	**14** 4			

01

ㄱ. 거짓인 명제이다.

ㄴ, ㄷ. 명제가 아니다.

ㄹ. 참인 명제이다.

따라서 명제인 것은 ㄱ, ㄹ이다.

답 ②

02

탑승 조건인 '키 120 cm 이상 또는 8세 이상'의 부정은

'키 120 cm 미만이고 8세 미만'이다.

답 ⑤

03

조건 q에서

$(x-1)(x-5)=0$ $\therefore x=1$ 또는 $x=5$

두 조건 p, q의 진리집합을 각각 P, Q라 하면

$P=\{1, 2, 3, 4, 5\}$, $Q=\{1, 5\}$

이때 조건 'p이고 q'의 진리집합은

$P\cap Q=\{1, 5\}$

따라서 구하는 모든 원소의 합은

$1+5=6$

답 6

04

① 2와 5의 공배수는 10의 배수이다.

② (짝수)+(짝수)=(짝수)이므로 두 짝수의 합은 짝수이다.

③ 소수 a에 대하여 a^2의 약수는 1, a, a^2의 3개이다.

④ $x=1$이면 $1^2+2-3=0$이므로 $x^2+2x-3=0$이다.

⑤ [반례] $x=-1$, $y=-2$이면 $xy=2>0$이지만

$x+y=-3<0$이다.

따라서 거짓인 명제는 ⑤이다.

답 ⑤

05

명제 $p \longrightarrow q$가 참이므로

① $P\subset Q$

② $P\cap Q=P$

③ $P\cup Q=Q$

④ $P^C\cap Q=Q-P\neq\varnothing$

따라서 항상 옳은 것은 ⑤이다.

답 ⑤

06

$U=\{1, 2, 3, 4\}$

① $2x\leq10$에서 $x\leq5$

모든 x에 대하여 $x\leq5$이므로 참이다.

② $x-1>3$에서 $x>4$

$x>4$를 만족시키는 x의 값은 없으므로 거짓이다.

③ $x^2<25$에서 $-5<x<5$

모든 x에 대하여 $-5<x<5$이므로 참이다.

④ $|x|>x$에서 $x<0$

$x<0$을 만족시키는 x의 값은 없으므로 거짓이다.

⑤ $x=1$이면 $1<x<5$를 만족시키지 않으므로 거짓이다.

따라서 참인 명제는 ①, ③이다.

답 ①, ③

07

① 역 : $\overline{AB}=\overline{AC}$이면 삼각형 ABC가 정삼각형이다.
   ⇨ 거짓
   대우 : $\overline{AB}\neq\overline{AC}$이면 삼각형 ABC가 정삼각형이 아니다.
   ⇨ 주어진 명제가 참이므로 그 대우도 참이다.
② 역 : 두 직사각형이 합동이면 두 직사각형의 넓이가 같다.
   ⇨ 참
   대우 : 두 직사각형이 합동이 아니면 두 직사각형의 넓이는 같지 않다.
   ⇨ 주어진 명제가 거짓이므로 그 대우도 거짓이다.
③ 역 : 두 실수 x, y에 대하여 $x>0$이고 $y>0$이면 $xy>0$이다.
   ⇨ 참
   대우 : 두 실수 x, y에 대하여 $x\leq0$ 또는 $y\leq0$이면 $xy\leq0$이다.
   ⇨ [반례] $x=-2$, $y=-1$이면 $x\leq0$ 또는 $y\leq0$이지만 $xy=2>0$이다.
④ 역 : 두 삼각형 ABC와 DEF가 서로 닮음이면 두 삼각형 ABC와 DEF가 서로 합동이다.
   ⇨ 거짓
   대우 : 두 삼각형 ABC와 DEF가 서로 닮음이 아니면 두 삼각형 ABC와 DEF는 서로 합동이 아니다.
   ⇨ 주어진 명제가 참이므로 그 대우도 참이다.
⑤ 역 : 두 집합 A, B에 대하여 $A\cup B=B$이면 $A\subset B$이다.
   ⇨ 참
   대우 : 두 집합 A, B에 대하여 $A\cup B\neq B$이면 $A\not\subset B$이다.
   ⇨ 주어진 명제가 참이므로 그 대우도 참이다.
따라서 명제 중 그 역과 대우가 모두 참인 것은 ⑤이다.

답 ⑤

08

명제 $p\longrightarrow q$가 참이므로 그 대우 $\sim q\longrightarrow\sim p$도 참이다.
즉, 명제 '$x-1=0$이면 $x^2+ax+2=0$이다.'가 참이다.
따라서 $x=1$을 $x^2+ax+2=0$에 대입하면
$1+a+2=0$
$\therefore a=-3$

답 ①

09

명제 '홀수가 적힌 카드의 뒷면에는 토끼 그림이 있다.'가 참인지 확인해야 하므로 홀수가 적힌 카드 C의 뒷면을 확인할 필요가 있다.
또, 주어진 명제의 대우인 '호랑이 그림이 있는 카드의 뒷면에는 짝수가 적혀 있다.'가 참인지 확인해야 하므로 호랑이 그림이 있는 카드 A의 뒷면을 확인할 필요가 있다.
따라서 반드시 뒷면을 확인할 필요가 있는 카드는 A, C이다.

답 A, C

10

$\sqrt{2}$를 유리수라 하면
$$\sqrt{2}=\frac{n}{m}\ (m,\ n\text{은 서로소인 자연수})$$
으로 나타낼 수 있다. 양변을 제곱하여 정리하면
$$n^2=\boxed{2m^2}\qquad\qquad\cdots\cdots\ \text{㉠}$$
이때 n^2은 2의 배수이므로 n도 $\boxed{2}$의 배수이다.
$n=2k\,(k\text{는 자연수})$로 놓고 ㉠에 대입하여 정리하면
$$m^2=2k^2$$
여기서 m^2이 2의 배수이므로 m도 2의 배수이다.
따라서 m, n이 모두 2의 배수가 되어 m, n이 서로소라는 가정에 모순이므로 $\sqrt{2}$는 무리수이다.

답 ⑺ 유리수 ⑻ $2m^2$ ⑼ 2

11

① $p:xy\neq0\Longleftrightarrow q:x\neq0$이고 $y\neq0$
  즉, p는 q이기 위한 필요충분조건이다.
② $p:x^2+y^2=0\Longleftrightarrow x=0$이고 $y=0$
  $q:xy=0\Longleftrightarrow x=0$ 또는 $y=0$
  즉, $p\Longrightarrow q$, $q\overset{\not\ }{\Longrightarrow}p$이므로 p는 q이기 위한 충분조건이다.
③ $p\overset{\not\ }{\Longrightarrow}q$, $q\Longrightarrow p$이므로 p는 q이기 위한 필요조건이다.
④ $p:x^2=y^2$에서 $x=-y$ 또는 $x=y$
  즉, $p\overset{\not\ }{\Longrightarrow}q$, $q\Longrightarrow p$이므로 p는 q이기 위한 필요조건이다.
⑤ $p:xy=|xy|$에서 $xy\geq0$
  즉, $p\overset{\not\ }{\Longrightarrow}q$, $q\Longrightarrow p$이므로 p는 q이기 위한 필요조건이다.
따라서 p가 q이기 위한 충분조건이지만 필요조건은 아닌 것은 ②이다.

답 ②

12

r는 p이기 위한 충분조건이므로 $r\Longrightarrow p$
$\sim q$는 p이기 위한 필요조건이므로 $p\Longrightarrow\sim q$
ㄴ. $r\Longrightarrow p$이므로 $\sim p\Longrightarrow\sim r$
ㄹ. $r\Longrightarrow p$, $p\Longrightarrow\sim q$이므로 $r\Longrightarrow\sim q$
따라서 참인 명제는 ㄴ, ㄹ이다.

답 ④

13

조건 p, q의 진리집합을 각각 P, Q라 하면
$$P=\{x\,|\,x<a\},\ Q=\{x\,|\,-3<x<4\}$$
p가 q이기 위한 필요조건이 되려면 $Q\subset P$이어야 하므로 두 집합 P, Q를 수직선 위에 나타내면 다음 그림과 같다.

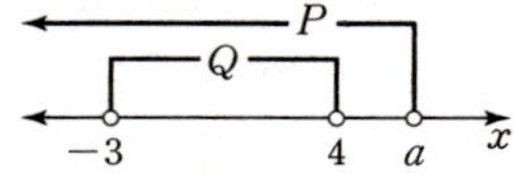

$\therefore a\geq4$
따라서 a의 최솟값은 4이다.

답 4

14

$a>2$에서 $a-2>0$이므로 산술평균과 기하평균의 관계에 의하여

$$a+\frac{1}{a-2}=a-2+\frac{1}{a-2}+2$$
$$\geq 2\sqrt{(a-2)\times\frac{1}{a-2}}+2=2+2=4$$
$$\left(\text{단, 등호는 } a-2=\frac{1}{a-2}, \text{ 즉 } a=3\text{일 때 성립}\right)$$

따라서 $a+\dfrac{1}{a-2}$의 최솟값은 4이다.　　　답 4

대단원 마무리하기

> 본문 24~25쪽

01 ②	02 ④	03 4	04 ①	05 ②
06 ⑤	07 4	08 ②	09 26	10 ②
11 −1	12 ③	13 ②	14 ①	15 ③

01

② 2에 가깝다는 기준이 명확하지 않으므로 집합이 아니다.

답 ②

02

$x^2-7x+6=0$에서
$(x-1)(x-6)=0$　　∴ $x=1$ 또는 $x=6$
∴ $A=\{1,\ 6\}$
$x^4-5x^2+4=0$에서
$(x^2-1)(x^2-4)=0$　　∴ $x=\pm1$ 또는 $x=\pm2$
∴ $B=\{-2,\ -1,\ 1,\ 2\}$
$x^2<0$을 만족시키는 실수 x는 존재하지 않으므로
$C=\varnothing$
① $6\in A$　　② $3\notin A$　　③ $-2\in B$　　⑤ $0\notin C$
따라서 옳은 것은 ④이다.　　　답 ④

03

ㄱ. $\varnothing$은 집합 A의 원소이므로 $\varnothing\in A$
ㄴ. 공집합은 모든 집합의 부분집합이므로 $\varnothing\subset A$
ㄷ, ㄹ. $\{\varnothing\}$은 집합 A의 원소이므로 $\{\varnothing\}\in A$, $\{\{\varnothing\}\}\subset A$
따라서 옳은 것은 ㄱ, ㄴ, ㄷ, ㄹ의 4개이다.　　　답 4

04

$A-B^c=A\cap(B^c)^c=A\cap B=\{2\}$　　　답 ①

05

$A-B=\{6\}$이므로 2, 4, $a+2b$는 집합 B의 원소이다.
이때 $B=\{2,\ 5,\ a+b\}$이므로
$a+2b=5,\ a+b=4$

두 식을 연립하여 풀면
$a=3,\ b=1$　　∴ $ab=3$　　　답 3

06

⑤ $A-B=A\cap B^c$, $A^c\cap B=B\cap A^c=B-A$
　 $A-B\neq B-A$이므로 $A-B\neq A^c\cap B$
따라서 옳지 않은 것은 ⑤이다.　　　답 ⑤

07

$A\cap X=X$이므로 $X\subset A$
$(A\cap B)\cup X=X$이므로 $(A\cap B)\subset X$
∴ $(A\cap B)\subset X\subset A$
이때 $A\cap B=\{5,\ 7,\ 9\}$이므로 집합 X는 집합 $\{1,\ 3,\ 5,\ 7,\ 9\}$의 부분집합 중에서 5, 7, 9를 반드시 원소로 갖는 부분집합이다.
따라서 집합 X의 개수는
$2^{5-3}=2^2=4$　　　답 4

08

$$A\cap\{(A^c\cap B)\cup A\}=A\cap\{(A^c\cup A)\cap(B\cup A)\}$$
$$=A\cap\{U\cap(B\cup A)\}$$
$$=A\cap(B\cup A)$$
$$=A$$

답 ②

09

두 집합 A, B가 서로소이므로 $n(A\cap B)=0$
∴ $n(A\cup B)=n(A)+n(B)-n(A\cap B)$
　　　　　　$=17+9-0=26$　　　답 26

10

학생 전체의 집합을 U, CD 플레이어를 갖고 있는 학생의 집합을 A, MP3 플레이어를 갖고 있는 학생의 집합을 B라 하면
$n(U)=100,\ n(A)=60,\ n(B)=65$
CD 플레이어와 MP3 플레이어를 모두 갖고 있는 학생의 집합은 $A\cap B$
(i) $n(A\cap B)=k$의 값이 최대가 되는 것은 $A\subset B$, 즉
　 $A\cap B=A$일 때이므로 k의 최댓값은
　 $n(A)=60$
(ii) $n(A\cap B)=k$의 값이 최소가 되는 것은 $A\cup B=U$일 때
　 이므로 $n(A\cup B)=n(A)+n(B)-n(A\cap B)$에서
　 $100=60+65-n(A\cap B)$
　 ∴ $n(A\cap B)=25$
　 즉, k의 최솟값은 25이다.
(i), (ii)에서 k의 최댓값과 최솟값의 합은
$60+25=85$　　　답 ②

11

ㄱ, ㄹ, ㅂ. x의 값에 따라 참이 되기도 하고 거짓이 되기도 하
　　므로 조건이다.

ㄴ. $x^2+2x+1=(x+1)^2 \geq 0$은 x의 값에 관계없이 항상 성립
　　하므로 참인 명제이다.

ㄷ. 명제가 아니다.

ㅁ. 거짓인 명제이다.

따라서 명제인 것은 ㄴ, ㅁ이므로 $a=2$, 조건인 것은 ㄱ, ㄹ, ㅂ
이므로 $b=3$

$\therefore a-b=2-3=-1$　　　　　　　　　　　답　-1

12

$|a|+|b|=0$에서 $a=0$이고 $b=0$

따라서 조건 '$|a|+|b|=0$'의 부정은 조건 '$a=0$이고 $b=0$'의
부정과 같으므로 '$a \neq 0$ 또는 $b \neq 0$'이다.　　　　答　③

13

두 조건 p, q의 진리집합을 각각 P, Q라 하면

$P=\{x \,|\, x<a\}$

$Q=\{x \,|\, -1<x<0 \text{ 또는 } 2 \leq x \leq 3\}$

명제 $p \longrightarrow q$의 역, 즉 $q \longrightarrow p$가 참이 되려면 $Q \subset P$이어야 하
므로 두 집합 P, Q를 수직선 위에 나타내면 다음 그림과 같다.

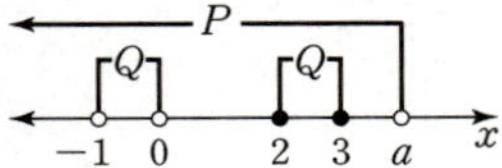

$\therefore a>3$

따라서 정수 a의 최솟값은 4이다.　　　　　　　答　②

14

두 집합 A, B가 서로소

$\iff A \cap B = \varnothing$

$\iff A \subset B^C,\ B \subset A^C$

$\iff A-B=A,\ B-A=B$

$\iff A-B^C=\varnothing,\ B-A^C=\varnothing$

따라서 두 집합 A, B가 서로소이기 위한 필요충분조건이 아닌
것은 ①이다.　　　　　　　　　　　　　　　　答　①

15

$a>b$이면 $\boxed{a-b}>0$　　　　　　　　…… ㉠

$a>0$, $b>0$이므로 $\boxed{a+b}>0$　　　…… ㉡

㉠, ㉡에 의하여

$a^2-b^2=(a-b)(a+b)>0$

이므로 $a^2>b^2$이다.

따라서 $A=a-b$, $B=a+b$이므로

$A+B=(a-b)+(a+b)=2a$　　　　　　　　答　③

되짚어 보기　　　　　　　　　　　　❯ 본문 26쪽

01 (1) $y=5x$　　　　　　(2) $y=\dfrac{13}{x}$

02 (1) $2x^2-3x$　　　　(2) x^2-3x
　　(3) $3x-9$　　　　　(4) 2

03 (1) 5　　　　　　　(2) 0

04 (1) $\sqrt{5}+\sqrt{3}$　　(2) $2\sqrt{2}$

05 (1) $x-3y+8=0$　(2) $y=2x^2+4x+4$

[04 함수]

교과서 유형 흐름잡기　　　　　　❯ 본문 29~31쪽

유형 **1** ③	**1**-1 ㄱ, ㄷ	**1**-2 ㄱ, ㄴ
유형 **2** ②	**2**-1 1	**2**-2 17
유형 **3** ⑤	**3**-1 3	**3**-2 ④
유형 **4** ⑤	**4**-1 ①	**4**-2 12
유형 **5** ①	**5**-1 -9	**5**-2 ②
유형 **6** ④	**6**-1 1	**6**-2 ①

유형 1

〈보기〉의 각 대응을 그림으로 나타내면 다음과 같다.

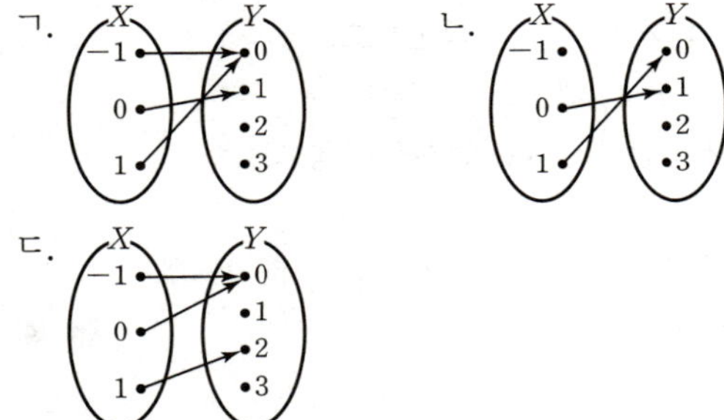

따라서 함수인 것은 ㄱ, ㄷ이다.　　　　　　答　③

1-1

〈보기〉의 각 대응을 그림으로 나타내면 다음과 같다.

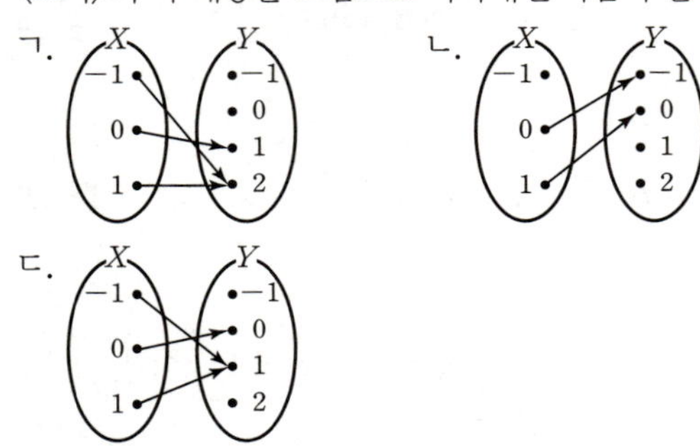

따라서 함수인 것은 ㄱ, ㄷ이다.　　　　　答　ㄱ, ㄷ

1-2

ㄱ, ㄴ. 실수 a에 대하여 직선 $x=a$가 그래프와 오직 한 점에서 만나므로 함수의 그래프이다.

ㄷ. 실수 a에 대하여 직선 $x=a$가 그래프와 만나지 않거나 무수히 많은 점에서 만나므로 함수의 그래프가 아니다.

따라서 함수의 그래프인 것은 ㄱ, ㄴ이다.   **답** ㄱ, ㄴ

유형 2

$f(-1)=g(-1)$에서 $-6=-a+b$ ...... ㉠

$f(2)=g(2)$에서 $0=2a+b$ ...... ㉡

㉠, ㉡을 연립하여 풀면 $a=2$, $b=-4$

$\therefore a+b=-2$ **답** ②

2-1

$f(-1)=g(-1)$에서 $-a+b=0$ ...... ㉠

$f(1)=g(1)$에서 $a+b=2$ ...... ㉡

㉠, ㉡을 연립하여 풀면 $a=1$, $b=1$

$\therefore ab=1$ **답** 1

2-2

집합 $X=\{x\,|\,x^2-5x+4=0\}$에서

$x^2-5x+4=0$, $(x-1)(x-4)=0$

$\therefore x=1$ 또는 $x=4$

즉, 정의역은 $X=\{1,\,4\}$이므로

$f(1)=g(1)$에서 $1+a=6+b$ ...... ㉠

$f(4)=g(4)$에서 $16+4a=24+b$ ...... ㉡

㉠, ㉡을 연립하여 풀면 $a=1$, $b=-4$

$\therefore a^2+b^2=17$ **답** 17

유형 3

$a>0$이므로 함수 f가 일대일대응이면

$f(1)=-2$, $f(5)=6$

즉, $a+b=-2$, $5a+b=6$이므로

두 식을 연립하여 풀면

$a=2$, $b=-4$

$\therefore a-b=6$ **답** ⑤

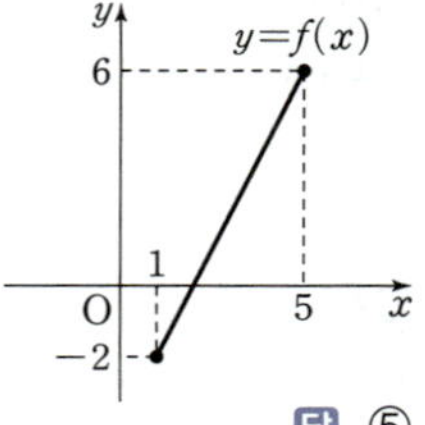

3-1

$a<0$이므로 함수 f가 일대일대응이면

$f(-3)=7$, $f(4)=0$

즉, $-3a+b=7$, $4a+b=0$이므로

두 식을 연립하여 풀면

$a=-1$, $b=4$

따라서 $f(x)=-x+4$이므로

$f(1)=-1+4=3$ **답** 3

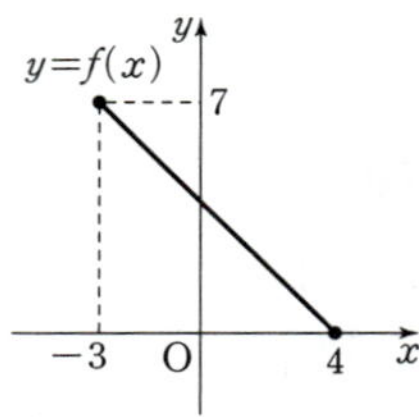

3-2

$f(x)=x^2-2x+a$

$\qquad =(x-1)^2+a-1$

이므로 $x \geq 2$일 때 x의 값이 증가하면 $f(x)$의 값도 증가한다.

따라서 함수 f가 일대일대응이 되려면

$f(2)=5$이어야 하므로

$4-4+a=5$ $\therefore a=5$ **답** ④

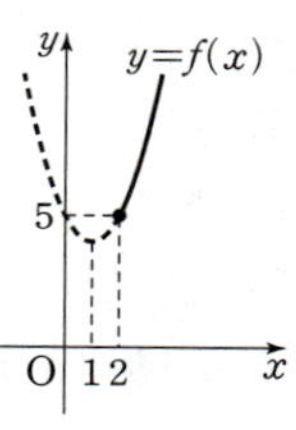

유형 4

$(g \circ f)(x)=g(f(x))$

$\qquad\qquad =-(ax+b)+1$

$\qquad\qquad =-ax-b+1$

이때 $(g \circ f)(x)=2x+3$이므로

$-a=2$, $-b+1=3$

$\therefore a=-2$, $b=-2$

$\therefore ab=4$ **답** ⑤

4-1

$(g \circ f)(x)=g(f(x))$

$\qquad\qquad =2(ax+b)+3$

$\qquad\qquad =2ax+2b+3$

이때 $(g \circ f)(x)=-4x+5$이므로

$2a=-4$, $2b+3=5$

$\therefore a=-2$, $b=1$

$\therefore a-b=-3$ **답** ①

4-2

$(f \circ f)(x)=f(f(x))$

$\qquad\qquad =a(ax+b)+b$

$\qquad\qquad =a^2x+ab+b$

이때 $(f \circ f)(x)=x+4$이므로

$a^2x+ab+b=x+4$에서

$a^2=1$, $ab+b=4$

$a>0$이므로 $a=1$, $b=2$

따라서 $f(x)=x+2$이므로

$f(10)=10+2=12$ **답** 12

유형 5

$f^{-1}(3)=-1$에서 $f(-1)=3$

즉, $f(-1)=3$, $f(1)=2$이므로

$-a+b=3$, $a+b=2$

두 식을 연립하여 풀면 $a=-\dfrac{1}{2}$, $b=\dfrac{5}{2}$

따라서 $f(x)=-\dfrac{1}{2}x+\dfrac{5}{2}$이므로

$f(3)=1$ **답** ①

5-1

$f^{-1}(-1)=1$에서 $f(1)=-1$
즉, $f(1)=-1$, $f(2)=-6$이므로
$a+b=-1$, $2a+b=-6$
두 식을 연립하여 풀면 $a=-5$, $b=4$
$\therefore a-b=-9$

답 -9

5-2

$g(11)=a$라 하면 $f^{-1}=g$이므로
$f^{-1}(11)=a$, 즉 $f(a)=11$
$a^2+2=11$, $a^2=9$
$a\geq0$이므로 $a=3$ $\therefore g(11)=3$
$g^{-1}(1)=(f^{-1})^{-1}(1)=f(1)=3$
$\therefore g(11)+g^{-1}(1)=6$

답 ②

유형 6

$(f\circ(g\circ f)^{-1}\circ f)(-2)=(f\circ f^{-1}\circ g^{-1}\circ f)(-2)$
$\qquad\qquad\qquad\qquad=(g^{-1}\circ f)(-2)$
$\qquad\qquad\qquad\qquad=g^{-1}(f(-2))$
$\qquad\qquad\qquad\qquad=g^{-1}(-1)$
$g^{-1}(-1)=k$라 하면 $g(k)=-1$
즉, $3k-4=-1$이므로 $k=1$
$\therefore (f\circ(g\circ f)^{-1}\circ f)(-2)=g^{-1}(-1)=1$

답 ④

6-1

$(g\circ(f\circ g)^{-1}\circ g)(3)=(g\circ g^{-1}\circ f^{-1}\circ g)(3)$
$\qquad\qquad\qquad\qquad=(f^{-1}\circ g)(3)$
$\qquad\qquad\qquad\qquad=f^{-1}(g(3))$
$\qquad\qquad\qquad\qquad=f^{-1}(7)$
$f^{-1}(7)=k$라 하면
$f(k)=7$
즉, $3k+4=7$이므로 $k=1$
$\therefore (g\circ(f\circ g)^{-1}\circ g)(3)=f^{-1}(7)=1$

답 1

6-2

$(g\circ f^{-1})^{-1}(a)=(f\circ g^{-1})(a)$
$\qquad\qquad\qquad=f(g^{-1}(a))$
$g^{-1}(a)=k$라 하면
$f(g^{-1}(a))=f(k)=2$
즉, $-k-1=2$이므로 $k=-3$
따라서 $g^{-1}(a)=-3$이므로
$g(-3)=a$
$\therefore a=-5$

답 ①

> 본문 32~33쪽

01 ①	**02** -4	**03** 3	**04** ②	**05** ④
06 ②	**07** 9	**08** $\sqrt{3}$	**09** ①	
10 10 % 할인		**11** ④	**12** $y=\dfrac{9}{5}x+32$	
13 ⑤	**14** -1			

01

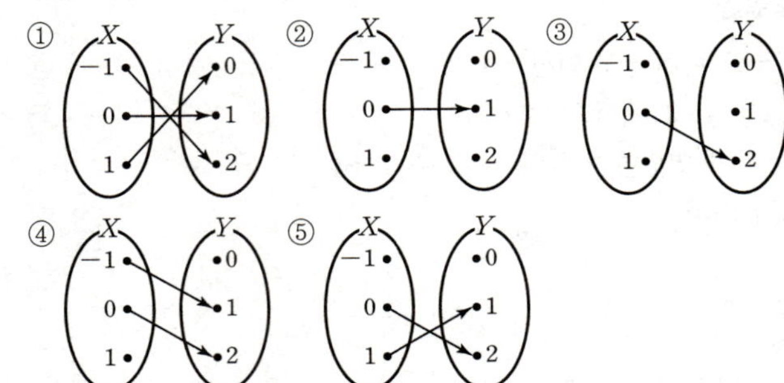

따라서 함수인 것은 ①이다.

답 ①

02

$\sqrt{5}-4=\sqrt{5}-\sqrt{16}<0$이므로
$f(\sqrt{5}-4)=3(\sqrt{5}-4)=3\sqrt{5}-12$
$7-3\sqrt{5}=\sqrt{49}-\sqrt{45}>0$이므로
$f(7-3\sqrt{5})=7-3\sqrt{5}+1=8-3\sqrt{5}$
$\therefore f(\sqrt{5}-4)+f(7-3\sqrt{5})=3\sqrt{5}-12+(8-3\sqrt{5})$
$\qquad\qquad\qquad\qquad\qquad=-4$

답 -4

03

$x=1$, 2, 3, $\cdots$일 때
$f(1)=1$, $f(2)=2$, $f(3)=0$, $f(4)=1$, $f(5)=2$, $f(6)=0$, $\cdots$
이므로 $f(x)$의 값은 1, 2, 0의 세 수가 반복된다.
따라서 함수 $f(x)$의 치역은 $\{0, 1, 2\}$이므로 모든 원소의 합은
$0+1+2=3$

답 3

04

$f(-1)=g(-1)$, $f(0)=g(0)$, $f(1)=g(1)$에서
$-1+a=-a+b$, $a=b$, $1+a=a+b$
세 식을 연립하여 풀면 $a=1$, $b=1$
$\therefore a^2+b^2=2$

답 ②

05

① $f(x)=-x^2$이라 하면 $f(-1)=f(1)=-1$이므로 일대일
대응이 아니다.
② $f(x)=-|x|$라 하면 $f(-1)=f(1)=-1$이므로 일대일
대응이 아니다.

③ 모든 x의 값에 대한 함숫값이 3이므로 일대일대응이 아니다.

④ 치역이 모든 실수이므로 치역과 공역이 같다.

　또 $f(x)=-2x-1$이라 하면 임의의 실수 x_1, x_2에 대하여 $x_1 \neq x_2$일 때 $f(x_1) \neq f(x_2)$이므로 일대일대응이다.

⑤ $f(x)=2x^2+1$이라 하면 $f(-1)=f(1)=3$이므로 일대일대응이 아니다.

따라서 일대일대응인 것은 ④이다.　　　　　답 ④

06

일대일대응의 그래프는 ㄷ, ㄹ의 2개이므로

$a=2$

상수함수의 그래프는 ㄴ의 1개이므로

$b=1$

$\therefore ab=2$　　　　　답 ②

07

f가 항등함수이므로 $f(4)=4$

g가 상수함수이므로 $g(4)=g(1)=5$

$\therefore f(4)+g(4)=9$　　　　　답 9

08

$(g \circ f)(\pi)=g(f(\pi))=g(\sqrt{2})=\sqrt{3}$　　　　　답 $\sqrt{3}$

09

오른쪽 그림에서

$(f \circ f)(c)=f(f(c))$

$\qquad\qquad =f(b)$

$\qquad\qquad =a$　　　답 ①

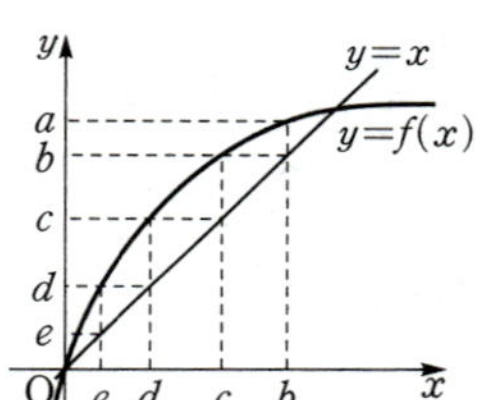

10

$(g \circ f)(x)=g(f(x))=0.9(x-5000)=0.9x-4500$

$(f \circ g)(x)=f(g(x))=0.9x-5000$

이때 $(g \circ f)(10000)=4500$, $(f \circ g)(10000)=4000$이므로 함수 g를 먼저 적용한 금액이 더 적다.

따라서 10 % 할인을 먼저 적용하는 것이 유리하다.

답 10 % 할인

11

$f(2)=5$이므로 $2a-1=5$　　　$\therefore a=3$

$\therefore f(x)=3x-1$

$f^{-1}(2)=k$라 하면 $f(k)=2$이므로

$3k-1=2$　　　$\therefore k=1$

$\therefore f^{-1}(2)=1$　　　　　답 ④

12

$y=\dfrac{5}{9}(x-32)$에서 x를 y에 대한 식으로 나타내면

$\dfrac{9}{5}y=x-32$　　　$\therefore x=\dfrac{9}{5}y+32$

x와 y를 서로 바꾸면

$y=\dfrac{9}{5}x+32$　　　　　답 $y=\dfrac{9}{5}x+32$

13

$f(x)=ax+b\ (a \neq 0)$는 일대일대응이므로 역함수가 존재한다.

또 $y=f(x)$의 그래프와 $y=g(x)$의 그래프가 직선 $y=x$에 대하여 대칭이므로

$g=f^{-1}$

$f(2)=4$이므로 $2a+b=4$　　　　……㉠

$g(3)=1$, 즉 $f(1)=3$이므로 $a+b=3$　　　　……㉡

㉠, ㉡을 연립하여 풀면 $a=1$, $b=2$

따라서 $f(x)=x+2$이므로

$f(3)=3+2=5$　　　　　답 ⑤

14

$(g \circ (f \circ g)^{-1})(-4)=(g \circ g^{-1} \circ f^{-1})(-4)$

$\qquad\qquad\qquad\qquad =f^{-1}(-4)$

$f^{-1}(-4)=k$라 하면 $f(k)=-4$이므로

$3k-1=-4$　　　$\therefore k=-1$

$\therefore (g \circ (f \circ g)^{-1})(-4)=f^{-1}(-4)=-1$　　　　　답 -1

05 유리함수

교과서 유형 흐름잡기

▶ 본문 35~37쪽

유형 **1** ⑤	**1**-1 14	**1**-2 −4
유형 **2** ⑤	**2**-1 0	**2**-2 6
유형 **3** ②	**3**-1 ③	**3**-2 ㄱ, ㄴ, ㄹ
유형 **4** ①	**4**-1 4	**4**-2 8
유형 **5** ①	**5**-1 ①	**5**-2 ④
유형 **6** ②	**6**-1 ⑤	**6**-2 ②

유형 1

주어진 식의 좌변의 분모를 통분하여 정리하면

$$\frac{a}{x-1}+\frac{b}{x+2}=\frac{a(x+2)+b(x-1)}{(x-1)(x+2)}$$
$$=\frac{(a+b)x+2a-b}{(x-1)(x+2)}$$

즉, $\dfrac{(a+b)x+2a-b}{(x-1)(x+2)}=\dfrac{x+8}{(x-1)(x+2)}$이 x에 대한 항등식

이므로

$a+b=1,\ 2a-b=8$

두 식을 연립하여 풀면 $a=3,\ b=-2$

$\therefore a-b=5$

답 ⑤

1-1

주어진 식의 좌변의 분모를 통분하여 정리하면

$$\frac{a}{x+3}-\frac{b}{x-3}=\frac{a(x-3)-b(x+3)}{(x+3)(x-3)}$$
$$=\frac{(a-b)x-3(a+b)}{x^2-9}$$

즉, $\dfrac{(a-b)x-3(a+b)}{x^2-9}=\dfrac{x-27}{x^2-9}$이 x에 대한 항등식이므로

$a-b=1,\ -3(a+b)=-27$

에서 $a-b=1,\ a+b=9$

두 식을 연립하여 풀면 $a=5,\ b=4$

$\therefore 2a+b=14$

답 14

1-2

주어진 식의 우변의 분모를 통분하여 정리하면

$$\frac{a}{x-1}+\frac{-2x+b}{x^2+x+1}=\frac{a(x^2+x+1)+(x-1)(-2x+b)}{(x-1)(x^2+x+1)}$$
$$=\frac{(a-2)x^2+(a+b+2)x+a-b}{x^3-1}$$

즉, $\dfrac{2x+4}{x^3-1}=\dfrac{(a-2)x^2+(a+b+2)x+a-b}{x^3-1}$가 x에 대한 항등식이므로

$a-2=0,\ a+b+2=2,\ a-b=4$

세 식을 연립하여 풀면 $a=2,\ b=-2$

$\therefore ab=-4$

답 −4

유형 2

$$\frac{1}{x(x+1)}+\frac{1}{(x+1)(x+2)}+\frac{1}{(x+2)(x+3)}$$
$$=\left(\frac{1}{x}-\frac{1}{x+1}\right)+\left(\frac{1}{x+1}-\frac{1}{x+2}\right)+\left(\frac{1}{x+2}-\frac{1}{x+3}\right)$$
$$=\frac{1}{x}-\frac{1}{x+3}=\frac{3}{x(x+3)}$$

답 ⑤

2-1

$$\frac{1}{x(x+1)}+\frac{2}{(x+1)(x+3)}-\frac{3}{x(x+3)}$$
$$=\left(\frac{1}{x}-\frac{1}{x+1}\right)+2\times\frac{1}{2}\left(\frac{1}{x+1}-\frac{1}{x+3}\right)$$
$$-3\times\frac{1}{3}\left(\frac{1}{x}-\frac{1}{x+3}\right)$$
$$=\frac{1}{x}-\frac{1}{x+1}+\frac{1}{x+1}-\frac{1}{x+3}-\frac{1}{x}+\frac{1}{x+3}$$
$$=0$$

답 0

2-2

주어진 식의 좌변을 간단히 하면

$$\frac{2}{x(x+2)}+\frac{2}{(x+2)(x+4)}+\frac{2}{(x+4)(x+6)}$$
$$=2\times\frac{1}{2}\left(\frac{1}{x}-\frac{1}{x+2}\right)+2\times\frac{1}{2}\left(\frac{1}{x+2}-\frac{1}{x+4}\right)$$
$$+2\times\frac{1}{2}\left(\frac{1}{x+4}-\frac{1}{x+6}\right)$$
$$=\frac{1}{x}-\frac{1}{x+2}+\frac{1}{x+2}-\frac{1}{x+4}+\frac{1}{x+4}-\frac{1}{x+6}$$
$$=\frac{1}{x}-\frac{1}{x+6}=\frac{6}{x(x+6)}$$

즉, $\dfrac{6}{x(x+6)}=\dfrac{k}{x(x+6)}$가 x에 대한 항등식이므로

$k=6$

답 6

유형 3

$$y=\frac{2x-5}{x-1}=\frac{2(x-1)-3}{x-1}=-\frac{3}{x-1}+2$$

① $x-1\neq0$에서 $x\neq1$

  즉, 주어진 함수의 정의역은 $\{x\,|\,x\neq1$인 실수$\}$이다.

②, ③ $y=\dfrac{2x-5}{x-1}$의 그래프는

  $y=-\dfrac{3}{x}$의 그래프를 x축의 방향

  으로 1만큼, y축의 방향으로 2만

  큼 평행이동한 것이므로 오른쪽

  그림과 같다. 이때 그래프는 제1, 2, 4 사분면을 지난다.

④ 그래프의 점근선의 방정식은 $x=1,\ y=2$이다.

⑤ $y=\dfrac{2x-5}{x-1}$에 $x=0$을 대입하면 $y=5$이므로 그래프와 y축

  의 교점의 좌표는 $(0,\ 5)$이다.

따라서 옳지 않은 것은 ②이다.

답 ②

3-1

$$y=\dfrac{3x+8}{x+2}=\dfrac{3(x+2)+2}{x+2}=\dfrac{2}{x+2}+3$$

① $x+2\neq0$에서 $x\neq-2$

즉, 주어진 함수의 정의역은 $\{x\,|\,x\neq-2$인 실수$\}$이다.

②, ③ $y=\dfrac{3x+8}{x+2}$의 그래프는

$y=\dfrac{2}{x}$의 그래프를 x축의 방향으로 -2만큼, y축의 방향으로 3만큼 평행이동한 것이므로 오른쪽 그림과 같다. 이때 그래프는 제1, 2, 3사분면을 지난다. 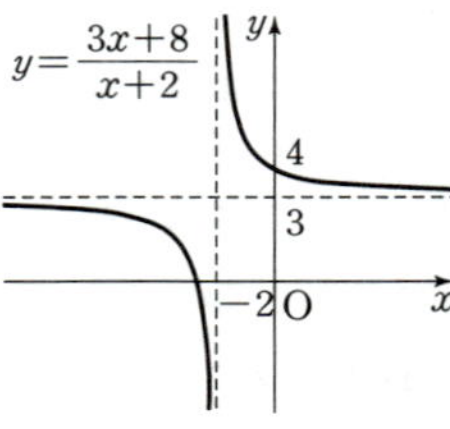

④ 그래프의 점근선의 방정식은 $x=-2$, $y=3$이다.

⑤ $y=\dfrac{3x+8}{x+2}$에 $x=0$을 대입하면 $y=4$이므로 그래프와 y축의 교점의 좌표는 $(0,\,4)$이다.

따라서 옳지 않은 것은 ③이다. 답 ③

3-2

ㄱ. $y=-\dfrac{1}{x+1}+3$에서 치역은 $\{y\,|\,y\neq3$인 실수$\}$이다. (참)

ㄴ. $y=\dfrac{-2x-5}{x+2}=\dfrac{-2(x+2)-1}{x+2}=-\dfrac{1}{x+2}-2$

이므로 $y=-\dfrac{1}{x+1}+3$의 그래프를 x축의 방향으로 -1만큼, y축의 방향으로 -5만큼 평행이동하면

$y=\dfrac{-2x-5}{x+2}$의 그래프와 일치한다. (참)

ㄷ. 그래프의 점근선의 방정식이 $x=-1$, $y=3$이므로 점 $(-1,\,3)$에 대하여 대칭이다. (거짓)

ㄹ. $y=-\dfrac{1}{x+1}+3$에 $x=0$을 대입하면 $y=2$이므로 그래프와 y축의 교점의 y좌표는 2이다. (참)

따라서 옳은 것은 ㄱ, ㄴ, ㄹ이다. 답 ㄱ, ㄴ, ㄹ

유형 4

주어진 그래프에서 점근선의 방정식이 $x=1$, $y=-2$이므로

$a=-1$, $b=-2$

$y=\dfrac{k}{x-1}-2$의 그래프가 점 $(0,-1)$을 지나므로

$-1=\dfrac{k}{0-1}-2$

$-1=-k-2$ ∴ $k=-1$

∴ $a+b+k=-4$ 답 ①

4-1

주어진 그래프에서 점근선의 방정식이 $x=1$, $y=4$이므로

$a=-1$, $b=4$

$y=\dfrac{k}{x-1}+4$의 그래프가 점 $(0,\,3)$을 지나므로

$3=\dfrac{k}{0-1}+4$

$3=-k+4$ ∴ $k=1$

∴ $a+b+k=4$ 답 4

4-2

점근선의 방정식이 $x=2$, $y=1$이므로 함수의 식을

$$y=\dfrac{k}{x-2}+1\ (k\neq0) \qquad\qquad \cdots\cdots\ \bigcirc$$

로 놓을 수 있다.

㉠의 그래프가 점 $(1,\,3)$을 지나므로

$3=\dfrac{k}{1-2}+1$

$3=-k+1$ ∴ $k=-2$

$k=-2$를 ㉠에 대입하면

$y=\dfrac{-2}{x-2}+1=\dfrac{-2+(x-2)}{x-2}=\dfrac{x-4}{x-2}$

따라서 $a=1$, $b=-4$, $c=-2$이므로

$abc=8$ 답 8

유형 5

$$f(x)=\dfrac{2x-1}{x-1}=\dfrac{2(x-1)+1}{x-1}=\dfrac{1}{x-1}+2$$

이므로 $y=f(x)$의 그래프는 $y=\dfrac{1}{x}$의 그래프를 x축의 방향으로 1만큼, y축의 방향으로 2만큼 평행이동한 것이다.

따라서 $2\leq x\leq3$에서 $y=f(x)$의 그래프는 오른쪽 그림과 같다. 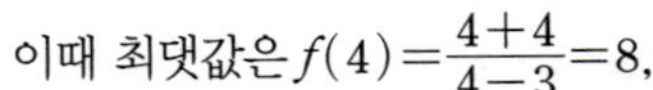

이때 최댓값은 $f(2)=\dfrac{2\times2-1}{2-1}=3$,

최솟값은 $f(3)=\dfrac{2\times3-1}{3-1}=\dfrac{5}{2}$

이므로 $M=3$, $m=\dfrac{5}{2}$

∴ $M+m=\dfrac{11}{2}$ 답 ①

5-1

$$f(x)=\dfrac{x+4}{x-3}=\dfrac{x-3+7}{x-3}=\dfrac{7}{x-3}+1$$

이므로 $y=f(x)$의 그래프는 $y=\dfrac{7}{x}$의 그래프를 x축의 방향으로 3만큼, y축의 방향으로 1만큼 평행이동한 것이다.

따라서 $x\leq1$ 또는 $x\geq4$에서 $y=f(x)$의 그래프는 오른쪽 그림과 같다. 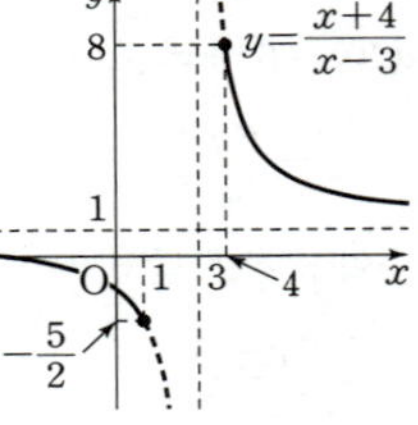

이때 최댓값은 $f(4)=\dfrac{4+4}{4-3}=8$,

최솟값은 $f(1)=\dfrac{1+4}{1-3}=-\dfrac{5}{2}$

이므로 $M=8$, $m=-\dfrac{5}{2}$

$\therefore M+m=\dfrac{11}{2}$ 　　답 ①

5-2

$f(x)=\dfrac{3x+3}{x-1}=\dfrac{3(x-1)+6}{x-1}=\dfrac{6}{x-1}+3$

이므로 $y=f(x)$의 그래프는 $y=\dfrac{6}{x}$의 그래프를 x축의 방향으로 1만큼, y축의 방향으로 3만큼 평행이동한 것이다.

따라서 $2\le x\le a$에서

$y=f(x)$의 그래프는 오른쪽 그림과 같다.

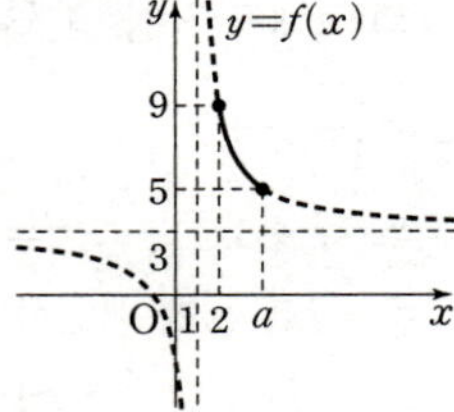

이때 최댓값은 $f(2)=\dfrac{6}{2-1}+3=9$

이므로 $M=9$

최솟값은 $f(a)=5$이므로

$\dfrac{6}{a-1}+3=5$, $\dfrac{6}{a-1}=2$

$a-1=3$ 　$\therefore a=4$

$\therefore a+M=13$ 　　답 ④

유형 6

$f^{-1}(x)=\dfrac{2x+1}{x-3}$에서 $y=\dfrac{2x+1}{x-3}$로 놓으면

$y(x-3)=2x+1$

$xy-3y=2x+1$

$(y-2)x=3y+1$

$\therefore x=\dfrac{3y+1}{y-2}$

x와 y를 서로 바꾸면

$y=\dfrac{3x+1}{x-2}$

따라서 $f(x)=\dfrac{3x+1}{x-2}$이므로

$a=3$, $b=1$, $c=-2$

$\therefore a+b+c=2$ 　　답 ②

6-1

$f^{-1}(x)=\dfrac{-6x+5}{3x-6}$에서 $y=\dfrac{-6x+5}{3x-6}$로 놓으면

$y(3x-6)=-6x+5$

$3xy-6y=-6x+5$

$(3y+6)x=6y+5$

$\therefore x=\dfrac{6y+5}{3y+6}$

x와 y를 서로 바꾸면

$y=\dfrac{6x+5}{3x+6}$

따라서 $f(x)=\dfrac{6x+5}{3x+6}$이므로

$a=6$, $b=5$, $c=6$

$\therefore a+b+c=17$ 　　답 ⑤

6-2

$f(x)=\dfrac{x+2}{3x+a}$에서 $y=\dfrac{x+2}{3x+a}$로 놓으면

$y(3x+a)=x+2$

$3xy+ay=x+2$

$(3y-1)x=-ay+2$

$\therefore x=\dfrac{-ay+2}{3y-1}$

x와 y를 서로 바꾸면

$y=\dfrac{-ax+2}{3x-1}$

$\therefore f^{-1}(x)=\dfrac{-ax+2}{3x-1}$

이때 $f=f^{-1}$이므로 $a=-1$ 　　답 ②

교과서 문제 정복하기　　▶ 본문 38~39쪽

01 ②	02 5	03 ③	04 ①	05 -1
06 ③	07 ⑤	08 ④	09 ㄴ, ㄷ	10 -1
11 12	12 ②	13 ②	14 $\dfrac{9}{2}$	

01

$\dfrac{2x-6}{x^2+3x+2}\times\dfrac{x+1}{x^2-9}\div\dfrac{x-2}{x^2+5x+6}$

$=\dfrac{2x-6}{x^2+3x+2}\times\dfrac{x+1}{x^2-9}\times\dfrac{x^2+5x+6}{x-2}$

$=\dfrac{2(x-3)}{(x+1)(x+2)}\times\dfrac{x+1}{(x+3)(x-3)}\times\dfrac{(x+2)(x+3)}{x-2}$

$=\dfrac{2}{x-2}$ 　　답 ②

02

주어진 식의 우변의 분모를 통분하여 정리하면

$\dfrac{1}{x+1}+\dfrac{b}{x-3}=\dfrac{(x-3)+b(x+1)}{(x+1)(x-3)}$

$=\dfrac{(1+b)x-3+b}{x^2-2x-3}$

즉, $\dfrac{2x-a}{x^2-2x-3}=\dfrac{(1+b)x-3+b}{x^2-2x-3}$가 x에 대한 항등식이므로

$1+b=2$, $-3+b=-a$

두 식을 연립하여 풀면 $a=2$, $b=1$

$\therefore 2a+b=5$ 　　답 5

03

$f(x)=\dfrac{1}{x(x+1)}=\dfrac{1}{x}-\dfrac{1}{x+1}$ 이므로

$f(1)+f(2)+f(3)+\cdots+f(10)$

$=\left(1-\dfrac{1}{2}\right)+\left(\dfrac{1}{2}-\dfrac{1}{3}\right)+\left(\dfrac{1}{3}-\dfrac{1}{4}\right)+\cdots+\left(\dfrac{1}{10}-\dfrac{1}{11}\right)$

$=1-\dfrac{1}{11}=\dfrac{10}{11}$

답 ③

04

$y=\dfrac{2}{2x-5}+1=\dfrac{2}{2\left(x-\dfrac{5}{2}\right)}+1=\dfrac{1}{x-\dfrac{5}{2}}+1$

이므로 $y=\dfrac{1}{x-\dfrac{5}{2}}+1$의 그래프는 $y=\dfrac{1}{x}$의 그래프를 x축의

방향으로 $\dfrac{5}{2}$만큼, y축의 방향으로 1만큼 평행이동한 것이다.

따라서 $a=\dfrac{5}{2}$, $b=1$, $k=1$이므로

$a+b+k=\dfrac{9}{2}$

답 ①

05

$y=\dfrac{2x-3}{x+1}=\dfrac{2(x+1)-5}{x+1}=-\dfrac{5}{x+1}+2$

$y=\dfrac{-x-4}{x-1}=\dfrac{-(x-1)-5}{x-1}=-\dfrac{5}{x-1}-1$

따라서 $y=\dfrac{2x-3}{x+1}$의 그래프를 x축의 방향으로 2만큼, y축의

방향으로 -3만큼 평행이동하면 $y=\dfrac{-x-4}{x-1}$의 그래프와 일치

하므로

$a=2$, $b=-3$

$\therefore a+b=-1$

답 -1

06

$y=\dfrac{-x+1}{x+3}=\dfrac{-(x+3)+4}{x+3}=\dfrac{4}{x+3}-1$

이므로 점근선의 방정식은 $x=-3$, $y=-1$이다.

따라서 $a=-3$, $b=-1$이므로

$ab=3$

답 ③

07

주어진 함수의 그래프의 점근선의 방정식은

$x=1$, $y=3$

이때 주어진 함수의 그래프가 직선 $y=x+k$에 대하여 대칭이

므로 직선 $y=x+k$는 점근선의 교점 $(1,3)$을 지난다.

따라서 $3=1+k$에서 $k=2$

답 ⑤

08

$\dfrac{1}{R}=\dfrac{1}{R_1}+\dfrac{1}{R_2}$에 $R=f(x)$, $R_1=x$, $R_2=2$를 대입하면

$\dfrac{1}{f(x)}=\dfrac{1}{x}+\dfrac{1}{2}=\dfrac{2+x}{2x}$

$\therefore f(x)=\dfrac{2x}{x+2}$ (단, $x>0$)

즉,

$f(x)=\dfrac{2x}{x+2}=\dfrac{2(x+2)-4}{x+2}$

$=-\dfrac{4}{x+2}+2$

이므로 $y=f(x)$의 그래프는

$y=-\dfrac{4}{x}$의 그래프를 x축의 방향

으로 -2만큼, y축의 방향으로 2만

큼 평행이동한 것이다.

따라서 $x>0$에서 함수 $y=f(x)$의

그래프는 오른쪽 그림과 같다.

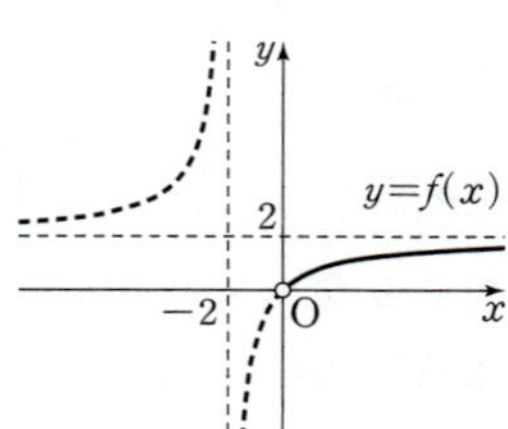

답 ④

09

ㄱ. 치역은 $\{y\,|\,y\neq 1$인 실수$\}$이다. (거짓)

ㄴ. 점근선의 방정식은 $x=-5$, $y=1$이므로 점근선의 교점의

좌표는 $(-5,1)$이다. (참)

ㄷ. 그래프는 $y=-\dfrac{2}{x}$의 그래프를 x축의 방향으로 -5만큼,

y축의 방향으로 1만큼 평행이동한 것이다. (참)

따라서 옳은 것은 ㄴ, ㄷ이다.

답 ㄴ, ㄷ

10

점근선의 방정식이 $x=2$, $y=1$이므로 함수의 식을

$y=\dfrac{k}{x-2}+1\ (k\neq 0)$ ……… ㉠

로 놓을 수 있다.

㉠의 그래프가 점 $(0,0)$을 지나므로

$0=\dfrac{k}{0-2}+1$

$-\dfrac{k}{2}=-1$ $\therefore k=2$

$k=2$를 ㉠에 대입하면

$y=\dfrac{2}{x-2}+1=\dfrac{2+(x-2)}{x-2}$

$=\dfrac{x}{x-2}$

따라서 $a=1$, $b=0$, $c=-2$이므로

$a+b+c=-1$

답 -1

11

농도가 10 %인 소금물 200 g에 들어 있는 소금의 양은

$$200 \times \frac{10}{100} = 20 \,(\text{g})$$

$$\therefore f(x) = \frac{20}{x+200} \times 100 = \frac{2000}{x+200} \ (단, \ x \geq 0)$$

따라서 $50 \leq x \leq 300$에서
$y=f(x)$의 그래프는 오른쪽
그림과 같다.

이때 최댓값은

$$f(50) = \frac{2000}{50+200} = 8$$

최솟값은

$$f(300) = \frac{2000}{300+200} = 4$$

이므로 $M=8$, $m=4$

$$\therefore M+m=12$$

답 12

[참고] $(소금물의 농도) = \dfrac{(소금의 양)}{(소금물의 양)} \times 100 \,(\%)$

12

$f(x) = \dfrac{x-1}{x}$에 대하여

$$f(3) = \frac{2}{3}$$

$$f^2(3) = (f \circ f)(3) = f(f(3)) = f\left(\frac{2}{3}\right) = \frac{-\frac{1}{3}}{\frac{2}{3}} = -\frac{1}{2}$$

$$f^3(3) = (f \circ f^2)(3) = f(f^2(3)) = f\left(-\frac{1}{2}\right) = \frac{-\frac{3}{2}}{-\frac{1}{2}} = 3$$

$$f^4(3) = (f \circ f^3)(3) = f(f^3(3)) = f(3) = \frac{2}{3}$$

$$\vdots$$

$$\therefore f(3) = f^4(3) = f^7(3) = \cdots = \frac{2}{3}$$

$$f^2(3) = f^5(3) = f^8(3) = \cdots = -\frac{1}{2}$$

$$f^3(3) = f^6(3) = f^9(3) = \cdots = 3$$

이때 $16 = 3 \times 5 + 1$이므로

$$f^{16}(3) = f(3) = \frac{2}{3}$$

답 ②

13

$f(x) = \dfrac{kx}{x+3}$에서 $y = \dfrac{kx}{x+3}$로 놓으면

$$y(x+3) = kx$$

$$xy + 3y = kx$$

$$(y-k)x = -3y$$

$$\therefore x = \frac{-3y}{y-k}$$

x와 y를 서로 바꾸면

$$y = \frac{-3x}{x-k}$$

$$\therefore f^{-1}(x) = \frac{-3x}{x-k}$$

이때 $f = f^{-1}$이므로 $k = -3$

답 ②

14

$f(x) = \dfrac{-2x-1}{x+3}$에서 $y = \dfrac{-2x-1}{x+3}$로 놓으면

$$y(x+3) = -2x-1$$

$$xy + 3y = -2x-1$$

$$(y+2)x = -3y-1$$

$$\therefore x = \frac{-3y-1}{y+2}$$

x와 y를 서로 바꾸면

$$y = \frac{-3x-1}{x+2}$$

즉, $g(x) = \dfrac{-3x-1}{x+2}$이므로

$$(g \circ g)(1) = g(g(1)) = g\left(-\frac{4}{3}\right)$$

$$= \frac{4-1}{-\frac{4}{3}+2} = \frac{9}{2}$$

답 $\dfrac{9}{2}$

(**06** 무리함수)

▶ 본문 41~43쪽

교과서 유형 흐름잡기

유형 **1** ⑤	**1**-1 $\sqrt{x-1}-\sqrt{x}$	**1**-2 $\dfrac{2a}{b}$
유형 **2** ②	**2**-1 $\dfrac{1}{3}$	**2**-2 ③
유형 **3** ②	**3**-1 ③	**3**-2 0
유형 **4** ③	**4**-1 7	**4**-2 6
유형 **5** ②	**5**-1 ③	**5**-2 6
유형 **6** ③	**6**-1 ④	**6**-2 1

유형 **1**

$$\frac{1}{\sqrt{x}+\sqrt{x-1}}+\frac{1}{\sqrt{x}-\sqrt{x-1}}$$
$$=\frac{(\sqrt{x}-\sqrt{x-1})+(\sqrt{x}+\sqrt{x-1})}{(\sqrt{x}+\sqrt{x-1})(\sqrt{x}-\sqrt{x-1})}$$
$$=\frac{2\sqrt{x}}{x-(x-1)}$$
$$=2\sqrt{x}$$

답 ⑤

1-1

$$\frac{1}{\sqrt{x+1}+\sqrt{x}}-\frac{2}{\sqrt{x+1}+\sqrt{x-1}}$$
$$=\frac{\sqrt{x+1}-\sqrt{x}}{(\sqrt{x+1}+\sqrt{x})(\sqrt{x+1}-\sqrt{x})}$$
$$\qquad-\frac{2(\sqrt{x+1}-\sqrt{x-1})}{(\sqrt{x+1}+\sqrt{x-1})(\sqrt{x+1}-\sqrt{x-1})}$$
$$=\frac{\sqrt{x+1}-\sqrt{x}}{(x+1)-x}-\frac{2(\sqrt{x+1}-\sqrt{x-1})}{(x+1)-(x-1)}$$
$$=(\sqrt{x+1}-\sqrt{x})-(\sqrt{x+1}-\sqrt{x-1})$$
$$=\sqrt{x-1}-\sqrt{x}$$

답 $\sqrt{x-1}-\sqrt{x}$

1-2

$$\frac{\sqrt{a+b}-\sqrt{a-b}}{\sqrt{a+b}+\sqrt{a-b}}+\frac{\sqrt{a+b}+\sqrt{a-b}}{\sqrt{a+b}-\sqrt{a-b}}$$
$$=\frac{(\sqrt{a+b}-\sqrt{a-b})^2+(\sqrt{a+b}+\sqrt{a-b})^2}{(\sqrt{a+b}+\sqrt{a-b})(\sqrt{a+b}-\sqrt{a-b})}$$
$$=\frac{2\{(a+b)+(a-b)\}}{(a+b)-(a-b)}$$
$$=\frac{4a}{2b}=\frac{2a}{b}$$

답 $\dfrac{2a}{b}$

유형 **2**

$$\frac{1}{\sqrt{x}+1}-\frac{1}{\sqrt{x}-1}=\frac{\sqrt{x}-1-(\sqrt{x}+1)}{(\sqrt{x}+1)(\sqrt{x}-1)}=\frac{-2}{x-1}$$

$x=1+\sqrt{2}$를 대입하면
$$\frac{-2}{x-1}=\frac{-2}{1+\sqrt{2}-1}=-\frac{2}{\sqrt{2}}=-\sqrt{2}$$
$$\therefore a=-1$$

답 ②

2-1

$$\frac{\sqrt{2+x}-\sqrt{2-x}}{\sqrt{2+x}+\sqrt{2-x}}$$
$$=\frac{(\sqrt{2+x}-\sqrt{2-x})^2}{(\sqrt{2+x}+\sqrt{2-x})(\sqrt{2+x}-\sqrt{2-x})}$$
$$=\frac{2+x-2\sqrt{(2+x)(2-x)}+2-x}{(2+x)-(2-x)}$$
$$=\frac{4-2\sqrt{4-x^2}}{2x}=\frac{2-\sqrt{4-x^2}}{x}$$

$x=\sqrt{3}$을 대입하면
$$\frac{2-\sqrt{4-x^2}}{x}=\frac{2-\sqrt{4-3}}{\sqrt{3}}=\frac{1}{\sqrt{3}}=\frac{\sqrt{3}}{3}$$
$$\therefore a=\frac{1}{3}$$

답 $\dfrac{1}{3}$

2-2

$$x=\frac{1}{\sqrt{2}-1}=\frac{\sqrt{2}+1}{(\sqrt{2}-1)(\sqrt{2}+1)}=\sqrt{2}+1$$
$$y=\frac{1}{\sqrt{2}+1}=\frac{\sqrt{2}-1}{(\sqrt{2}+1)(\sqrt{2}-1)}=\sqrt{2}-1$$
이므로 $x+y=2\sqrt{2}$, $xy=1$
$$\therefore \frac{\sqrt{y}}{\sqrt{x}}+\frac{\sqrt{x}}{\sqrt{y}}=\frac{(\sqrt{y})^2+(\sqrt{x})^2}{\sqrt{x}\sqrt{y}}=\frac{x+y}{\sqrt{xy}}$$
$$=\frac{2\sqrt{2}}{\sqrt{1}}=2\sqrt{2}$$

답 ③

유형 **3**

$3x-6\geq0$에서
$$3x\geq6 \qquad \therefore x\geq2$$
즉, 주어진 함수의 정의역이 $\{x\,|\,x\geq2\}$이므로
$a=2$
또 $y=\sqrt{3x-6}+3$에서 $\sqrt{3x-6}\geq0$이므로
치역은 $\{y\,|\,y\geq3\}$ $\qquad \therefore b=3$
$$\therefore a+b=5$$

답 ②

3-1

$-2x+2\geq0$에서
$$-2x\geq-2 \qquad \therefore x\leq1$$
즉, 주어진 함수의 정의역이 $\{x\,|\,x\leq1\}$이므로
$a=1$
또 $y=\sqrt{-2x+2}+1$에서 $\sqrt{-2x+2}\geq0$이므로
치역은 $\{y\,|\,y\geq1\}$ $\qquad \therefore b=1$
$$\therefore ab=1$$

답 ③

3-2

$y=\sqrt{2x+a}-1$의 그래프가 점 $(1,\,1)$을 지나므로
$1=\sqrt{2+a}-1$에서 $\sqrt{2+a}=2$
$2+a=4 \qquad \therefore a=2$
$y=\sqrt{2x+2}-1$에서 $2x+2\geq0$이므로
$x\geq-1$

즉, 주어진 함수의 정의역이 $\{x|x\geq-1\}$이므로
$b=-1$
또 $y=\sqrt{2x+2}-1$에서 $\sqrt{2x+2}\geq0$이므로
치역은 $\{y|y\geq-1\}$ $\therefore c=-1$
$\therefore a+b+c=0$ 답 0

유형 4

주어진 함수의 그래프는 $y=\sqrt{ax}\ (a<0)$의 그래프를 x축의 방향으로 2만큼, y축의 방향으로 1만큼 평행이동한 것이므로
$y=\sqrt{a(x-2)}+1\ (a<0)$ …… ㉠
이때 그래프가 점 $(0, 3)$을 지나므로
$3=\sqrt{-2a}+1,\ \sqrt{-2a}=2$
$-2a=4$ $\therefore a=-2$
$a=-2$를 ㉠에 대입하면
$y=\sqrt{-2(x-2)}+1=\sqrt{-2x+4}+1$
따라서 $a=-2,\ b=4,\ c=1$이므로
$a+b+c=3$ 답 ③

4-1

주어진 함수의 그래프는 $y=\sqrt{ax}\ (a>0)$의 그래프를 x축의 방향으로 -1만큼, y축의 방향으로 -1만큼 평행이동한 것이므로
$y=\sqrt{a(x+1)}-1\ (a>0)$ …… ㉠
이때 그래프가 점 $(0, 1)$을 지나므로
$1=\sqrt{a}-1,\ \sqrt{a}=2$ $\therefore a=4$
$a=4$를 ㉠에 대입하면
$y=\sqrt{4(x+1)}-1=\sqrt{4x+4}-1$
따라서 $a=4,\ b=4,\ c=-1$이므로
$a+b+c=7$ 답 7

4-2

주어진 함수의 그래프는 $y=a\sqrt{x}\ (a<0)$의 그래프를 x축의 방향으로 2만큼, y축의 방향으로 1만큼 평행이동한 것이므로
$y=a\sqrt{x-2}+1\ (a<0)$ …… ㉠
이때 그래프가 점 $(3, -2)$를 지나므로
$-2=a+1$ $\therefore a=-3$
$a=-3$을 ㉠에 대입하면
$y=-3\sqrt{x-2}+1$
따라서 $a=-3,\ b=-2,\ c=1$이므로
$abc=6$ 답 6

유형 5

$y=\sqrt{3-x}+1=\sqrt{-(x-3)}+1$
이므로 $-1\leq x\leq2$에서
$y=\sqrt{3-x}+1$의 그래프는 오른쪽 그림과 같다.

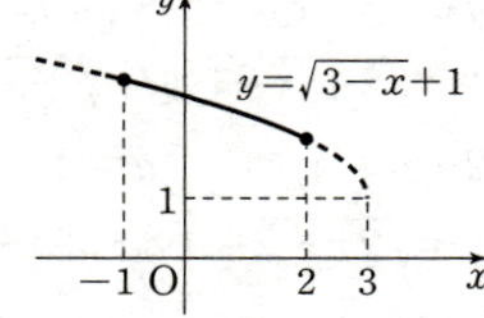

따라서 $x=-1$일 때 최댓값은
$M=\sqrt{3-(-1)}+1=3$

$x=2$일 때 최솟값은
$m=\sqrt{3-2}+1=2$
$\therefore M+m=5$ 답 ②

5-1

$-1\leq x\leq1$에서 $y=\sqrt{2(x+1)}-1$의 그래프는 오른쪽 그림과 같다.
따라서 $x=1$일 때 최댓값은
$M=\sqrt{2\times2}-1=1$

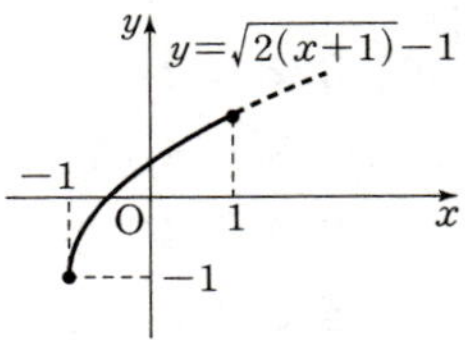

$x=-1$일 때 최솟값은
$m=\sqrt{2\times0}-1=-1$
$\therefore M+m=0$ 답 ③

5-2

$y=\sqrt{4-2x}+a=\sqrt{-2(x-2)}+a$
이므로 $-6\leq x\leq2$에서
$y=\sqrt{4-2x}+a$의 그래프는 오른쪽 그림과 같다.

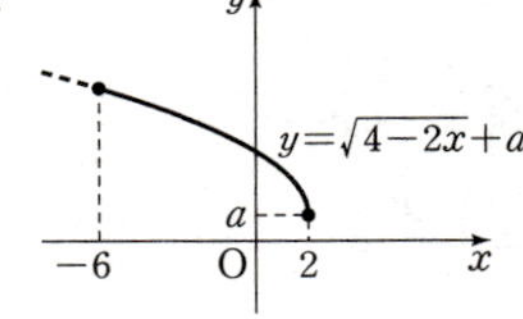

따라서 $x=2$일 때 최솟값 1이므로
$\sqrt{4-2\times2}+a=1$
$\therefore a=1$

$x=-6$일 때 최댓값은
$M=\sqrt{4-2\times(-6)}+1=5$
$\therefore a+M=6$ 답 6

유형 6

$y=\sqrt{x+3}-2$의 치역이 $\{y|y\geq-2\}$이므로 역함수의 정의역은 $\{x|x\geq-2\}$이다.
$\therefore c=-2$
$y=\sqrt{x+3}-2$에서 $y+2=\sqrt{x+3}$
양변을 제곱하면 $(y+2)^2=x+3$
$\therefore x=(y+2)^2-3$
x와 y를 서로 바꾸면
$y=(x+2)^2-3$
   $=x^2+4x+1\ (x\geq-2)$
따라서 $a=4,\ b=1$이므로
$a+b+c=3$ 답 ③

6-1

$y=\sqrt{3x-1}+1$의 치역이 $\{y|y\geq1\}$이므로 역함수의 정의역은 $\{x|x\geq1\}$이다.
$\therefore c=1$
$y=\sqrt{3x-1}+1$에서 $y-1=\sqrt{3x-1}$
양변을 제곱하면
$(y-1)^2=3x-1$

$3x=(y-1)^2+1 \qquad \therefore x=\frac{1}{3}(y-1)^2+\frac{1}{3}$

x와 y를 서로 바꾸면

$y=\frac{1}{3}(x-1)^2+\frac{1}{3}$

$\quad =\frac{1}{3}x^2-\frac{2}{3}x+\frac{2}{3}\ (x\geq1)$

따라서 $a=-\frac{2}{3}$, $b=\frac{2}{3}$이므로

$a+b+c=1$ 답 ④

6-2

$y=x^2-6x+11=(x-3)^2+2\ (x\geq3)$에서

$y-2=(x-3)^2$

이때 $x\geq3$이므로 $\sqrt{y-2}=x-3$

$\therefore x=\sqrt{y-2}+3$

x와 y를 서로 바꾸면

$y=\sqrt{x-2}+3$

따라서 $a=-2$, $b=3$이므로

$a+b=1$ 답 1

교과서 문제 정복하기 ▶본문 44~45쪽

01 ②	02 ③	03 9	04 ㄱ, ㄴ	05 ④
06 $\frac{11}{2}$	07 ③	08 ⑤	09 3	10 ④
11 $-2\sqrt{2}$	12 ⑤	13 ②	14 ③	15 ①

01

$2-x\geq0$에서 $x\leq2$

$x+3>0$에서 $x>-3$

$\therefore -3<x\leq2$ 답 ②

02

$\dfrac{2}{\sqrt{x}+\sqrt{x+2}}=\dfrac{2(\sqrt{x}-\sqrt{x+2})}{(\sqrt{x}+\sqrt{x+2})(\sqrt{x}-\sqrt{x+2})}$

$\qquad\qquad\quad =\dfrac{2(\sqrt{x}-\sqrt{x+2})}{x-(x+2)}$

$\qquad\qquad\quad =-\sqrt{x}+\sqrt{x+2}$

$\dfrac{2}{\sqrt{x+2}+\sqrt{x+4}}=\dfrac{2(\sqrt{x+2}-\sqrt{x+4})}{(\sqrt{x+2}+\sqrt{x+4})(\sqrt{x+2}-\sqrt{x+4})}$

$\qquad\qquad\qquad =\dfrac{2(\sqrt{x+2}-\sqrt{x+4})}{(x+2)-(x+4)}$

$\qquad\qquad\qquad =-\sqrt{x+2}+\sqrt{x+4}$

$\therefore \dfrac{2}{\sqrt{x}+\sqrt{x+2}}+\dfrac{2}{\sqrt{x+2}+\sqrt{x+4}}$

$\quad =(-\sqrt{x}+\sqrt{x+2})+(-\sqrt{x+2}+\sqrt{x+4})$

$\quad =-\sqrt{x}+\sqrt{x+4}$ 답 ③

03

$f(n)=\dfrac{1}{\sqrt{n}+\sqrt{n+1}}$

$\qquad =\dfrac{\sqrt{n}-\sqrt{n+1}}{(\sqrt{n}+\sqrt{n+1})(\sqrt{n}-\sqrt{n+1})}$

$\qquad =\dfrac{\sqrt{n}-\sqrt{n+1}}{n-(n+1)}$

$\qquad =\sqrt{n+1}-\sqrt{n}$

$\therefore f(1)+f(2)+f(3)+\cdots+f(99)$

$\quad =(\sqrt{2}-1)+(\sqrt{3}-\sqrt{2})+(\sqrt{4}-\sqrt{3})$

$\qquad\qquad\qquad\quad +\cdots+(\sqrt{100}-\sqrt{99})$

$\quad =-1+\sqrt{100}=-1+10=9$ 답 9

04

$a<0$, $b<0$이므로

ㄱ. $ab>0$ (참)

ㄴ. $a+b<0$ (참)

ㄷ. $a-b$의 부호는 알 수 없다. (거짓)

따라서 옳은 것은 ㄱ, ㄴ이다. 답 ㄱ, ㄴ

05

$y=\sqrt{ax}$의 그래프가 제1사분면 위의 정사각형 ABCD와 만나므로 $a>0$이다.

$y=\sqrt{ax}\ (a>0)$의 그래프에서 a의 값이 클수록 그래프는 x축에서 멀어지므로 그래프가 점 B를 지날 때 a는 최소이고, 그래프가 점 D를 지날 때 a는 최대이다.

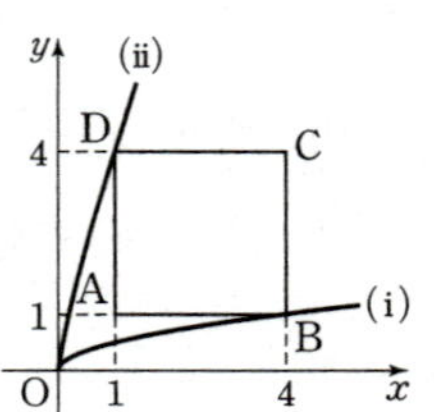

(i) $y=\sqrt{ax}$의 그래프가 점 B(4, 1)을 지날 때,

$\qquad 1=\sqrt{4a}$, $4a=1$

$\qquad\qquad \therefore a=\frac{1}{4}$

(ii) $y=\sqrt{ax}$의 그래프가 점 D(1, 4)를 지날 때,

$\qquad 4=\sqrt{a} \qquad \therefore a=16$

(i), (ii)에서 $\frac{1}{4}\leq a\leq16$

따라서 정수 a는 1, 2, 3, $\cdots$, 16의 16개이다. 답 ④

06

$1-2x\geq0$에서

$-2x\geq-1 \qquad \therefore x\leq\frac{1}{2}$

즉, 주어진 함수의 정의역이 $\left\{x\,\middle|\,x\leq\frac{1}{2}\right\}$이므로

$a=\frac{1}{2}$

또 $y=-\sqrt{1-2x}+5$에서 $-\sqrt{1-2x}\leq0$이므로

치역은 $\{y\,|\,y\leq5\} \qquad \therefore b=5$

$\therefore a+b=\frac{11}{2}$ 답 $\frac{11}{2}$

07

① $y=-\sqrt{-x}$

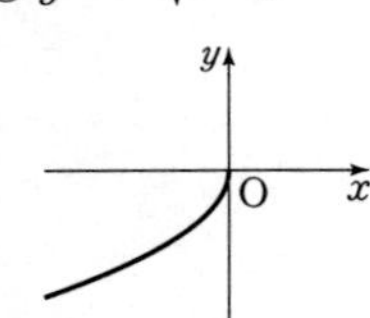

② $y=\sqrt{x+1}-1$

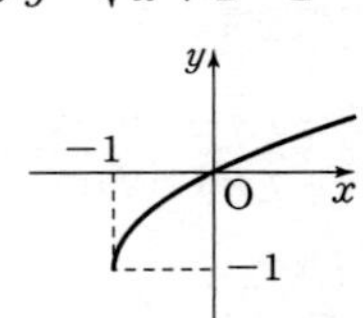

③ $y=\sqrt{1-x}-1$
$\quad=\sqrt{-(x-1)}-1$

④ $y=-\sqrt{-x-1}-1$
$\quad=-\sqrt{-(x+1)}-1$

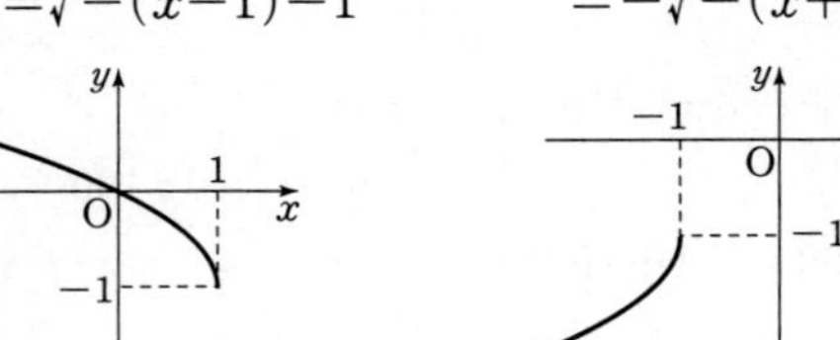

⑤ $y=-\sqrt{1-x}+1$
$\quad=-\sqrt{-(x-1)}+1$

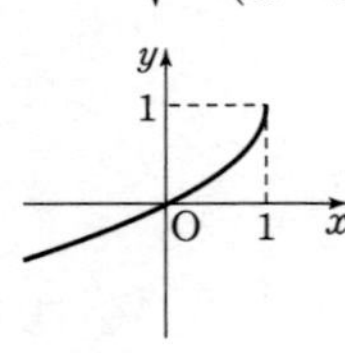

답 ③

08

⑤ $y=\sqrt{-2x+3}-1=\sqrt{-2\left(x-\dfrac{3}{2}\right)}-1$

이므로 $y=\sqrt{-2x}$의 그래프를 x축의 방향으로 $\dfrac{3}{2}$만큼, y축의 방향으로 -1만큼 평행이동한 것이다.

답 ⑤

09

$y=\sqrt{ax}$의 그래프를 x축의 방향으로 m만큼, y축의 방향으로 n만큼 평행이동하면
$y=\sqrt{a(x-m)}+n$
이 그래프와 $y=\sqrt{1-x}+3$, 즉 $y=\sqrt{-(x-1)}+3$의 그래프가 일치하므로
$a=-1,\ m=1,\ n=3$
$\therefore a+m+n=3$

답 3

10

① $2x+4\geq0$에서 $x\geq-2$이므로 정의역은 $\{x\,|\,x\geq-2\}$이다.
② $\sqrt{2x+4}\geq0$이므로 치역은 $\{y\,|\,y\geq-3\}$이다.
③ $y=\sqrt{2x+4}-3$에 $x=6$을 대입하면
$\quad y=\sqrt{2\times6+4}-3=1$이므로 $y=\sqrt{2x+4}-3$의 그래프는
$\quad$ 점 $(6,\,1)$을 지난다.
④ $y=\sqrt{2x+4}-3=\sqrt{2(x+2)}-3$이므로 $y=\sqrt{2x}$의 그래프를 x축의 방향으로 -2만큼, y축의 방향으로 -3만큼 평행이동한 것이다.

⑤ $y=\sqrt{2x+4}-3$의 그래프는 오른쪽 그림과 같으므로 제2사분면을 지나지 않는다.
따라서 옳은 것은 ④이다.

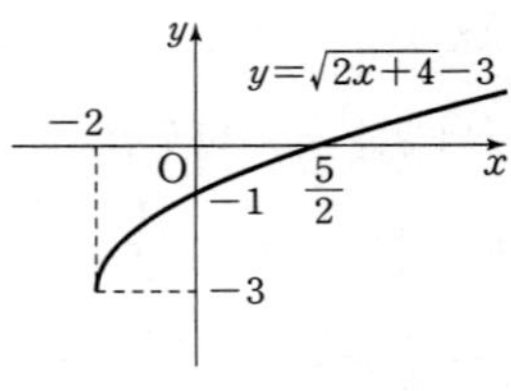

답 ④

11

주어진 함수의 그래프는 $y=a\sqrt{x}\ (a>0)$의 그래프를 x축의 방향으로 -2만큼, y축의 방향으로 -1만큼 평행이동한 것이므로
$y=a\sqrt{x+2}-1\ (a>0)$ $\qquad$ …… ㉠
이때 그래프가 점 $(0,\,1)$을 지나므로
$1=a\sqrt{2}-1,\ a\sqrt{2}=2$
$\therefore a=\sqrt{2}$
$a=\sqrt{2}$를 ㉠에 대입하면
$y=\sqrt{2}\sqrt{x+2}-1$
따라서 $a=\sqrt{2},\ b=2,\ c=-1$이므로
$abc=-2\sqrt{2}$

답 $-2\sqrt{2}$

12

$y=-\sqrt{2x-3}+1=-\sqrt{2\left(x-\dfrac{3}{2}\right)}+1$

이므로 $2\leq x\leq a$에서
$y=-\sqrt{2x-3}+1$의 그래프는
오른쪽 그림과 같다.
$x=2$일 때 최댓값은
$M=-\sqrt{2\times2-3}+1=0$
따라서 $x=a$일 때 최솟값이 -2이므로
$-\sqrt{2a-3}+1=-2,\ -\sqrt{2a-3}=-3$
$\sqrt{2a-3}=3,\ 2a-3=9$
$\therefore a=6$
$\therefore a+M=6$

답 ⑤

13

$f(x)=\sqrt{ax+b}$의 그래프가 점 $(1,\,2)$를 지나므로 $f(1)=2$에서
$\sqrt{a+b}=2$
양변을 제곱하면
$a+b=4$ $\qquad$ …… ㉠
$y=f(x)$의 역함수 $y=f^{-1}(x)$의 그래프가 점 $(1,\,2)$를 지나므로 $f^{-1}(1)=2$에서 $f(2)=1$, 즉
$\sqrt{2a+b}=1$
양변을 제곱하면
$2a+b=1$ $\qquad$ …… ㉡
㉠, ㉡을 연립하여 풀면
$a=-3,\ b=7$
$\therefore ab=-21$

답 ②

14

$y=20\sqrt{273+x}$의 치역이 $\{y\,|\,y\geq 0\}$이므로 역함수의 정의역은 $\{x\,|\,x\geq 0\}$이다.

$y=20\sqrt{273+x}$에서 $\dfrac{1}{20}y=\sqrt{273+x}$

양변을 제곱하면 $\dfrac{1}{400}y^2=273+x$

$\therefore\ x=\dfrac{1}{400}y^2-273$

x와 y를 서로 바꾸면

$y=\dfrac{1}{400}x^2-273\ (x\geq 0)$ 답 ③

15

$f(3)=\sqrt{3-2}=1,\ g(3)=\dfrac{1}{3-2}+2=3$

$\therefore\ (f\circ(f\circ g^{-1})^{-1}\circ f)(3)=(f\circ g\circ f^{-1}\circ f)(3)$
$\qquad\qquad\qquad\qquad\quad\ =(f\circ g)(3)$
$\qquad\qquad\qquad\qquad\quad\ =f(g(3))$
$\qquad\qquad\qquad\qquad\quad\ =f(3)=1$ 답 ①

대단원 마무리하기

> 본문 46~47쪽

01 −1	02 ⑤	03 ④	04 ④	05 ①
06 ①	07 ①	08 ④	09 ①	10 ②
11 2	12 ①	13 ③	14 ④	15 ③
16 ②				

01

$f(-2)=-4+4=0,\ f(1)=-1+4=3$이므로 함수 $f(x)$의 치역은 $\{0,\ 3\}$이다.

이때 함수 $g(x)$의 치역도 $\{0,\ 3\}$이고 $a>0$이므로

$g(-2)=0,\ g(1)=3$

즉, $-2a+b=0,\ a+b=3$

두 식을 연립하여 풀면 $a=1,\ b=2$

$\therefore\ a-b=-1$ 답 −1

02

⑤ $f(0)=0,\ g(0)=1$이므로 $f(0)\neq g(0)$

$\quad\therefore f\neq g$

따라서 $f=g$가 아닌 것은 ⑤이다. 답 ⑤

03

$f\left(\dfrac{x+1}{3}\right)=x+2$에서 $\dfrac{x+1}{3}=t$로 놓으면

$x=3t-1$이므로

$f(t)=(3t-1)+2=3t+1$

$\therefore\ f(2)=3\times 2+1=7$ 답 ④

다른풀이

$\dfrac{x+1}{3}=2$라 하면 $x=5$이므로

$f(2)=5+2=7$

04

$f(x)=ax+|x-2|$에서

(i) $x\geq 2$일 때, $f(x)=(a+1)x-2$

(ii) $x<2$일 때, $f(x)=(a-1)x+2$

이때 함수 $f(x)$가 일대일대응이 되려면 함수 $f(x)$는 증가하는 함수 또는 감소하는 함수이어야 한다.

즉, (i), (ii)의 두 직선의 기울기의 부호가 같아야 한다.

따라서 $(a+1)(a-1)>0$이어야 하므로

$a<-1$ 또는 $a>1$ 답 ④

05

$y=f(x)$의 그래프와 $y=f^{-1}(x)$의 그래프의 교점은 $y=f(x)$의 그래프와 직선 $y=x$의 교점과 일치한다.

$x^2-4x+6=x$에서 $x^2-5x+6=0$

$(x-2)(x-3)=0$

$\therefore\ x=2$ 또는 $x=3$

따라서 두 교점의 좌표는 $(2,\ 2),\ (3,\ 3)$이므로 두 교점 사이의 거리는

$\sqrt{(3-2)^2+(3-2)^2}=\sqrt{2}$ 답 ①

참고 함수 $y=f(x)$의 그래프와 그 역함수 $y=f^{-1}(x)$의 그래프는 직선 $y=x$에 대하여 대칭이다. 즉, 두 함수 $y=f(x)$, $y=f^{-1}(x)$의 그래프의 교점은 직선 $y=x$ 위에 있다.

06

$f^{-1}(1)=4$이므로 $f(4)=1$

$f(1)=3,\ f(3)=2,\ f(4)=1$이고, 함수 f가 일대일대응이므로

$f(2)=4$

$\therefore\ (f\circ f)(2)=f(f(2))=f(4)=1$

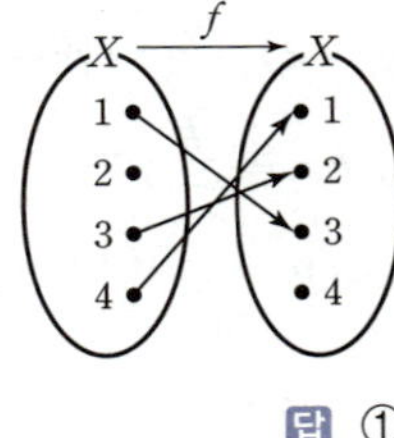

답 ①

07

$\dfrac{2x-3}{x^2+3x+2}\times\dfrac{x^2-1}{2x^2-3x}\div\dfrac{x-1}{x^2+2x}$

$=\dfrac{2x-3}{(x+1)(x+2)}\times\dfrac{(x+1)(x-1)}{x(2x-3)}\times\dfrac{x(x+2)}{x-1}$

$=1$ 답 ①

08

$y=\dfrac{k}{x}$의 그래프를 x축의 방향으로 1만큼, y축의 방향으로 -2

만큼 평행이동하면

$y=\dfrac{k}{x-1}-2$

이 그래프가 점 $(3, 4)$를 지나므로

$4=\dfrac{k}{3-1}-2,\ \dfrac{k}{2}=6$

$\therefore k=12$ 답 ④

09

$y=\dfrac{ax-1}{x+b}=\dfrac{a(x+b)-ab-1}{x+b}=\dfrac{-ab-1}{x+b}+a$

이므로 점근선의 방정식은 $x=-b,\ y=a$

따라서 $a=-3,\ b=-1$이므로

$a+b=-4$ 답 ①

10

$f(x)=\dfrac{x+b}{x+a}=\dfrac{(x+a)+b-a}{x+a}=\dfrac{b-a}{x+a}+1$

이므로 점근선의 방정식은 $x=-a,\ y=1$

$a>0$에서 $-a<0$이므로 직선 $x=-a$는 제2, 3사분면을 지

난다.

또 $b<a$에서 $b-a<0$이므로 $y=f(x)$의 그래프는 제2, 4사

분면을 지나는 $y=\dfrac{b-a}{x}$의 그래프를 x축의 방향으로 $-a$만큼,

y축의 방향으로 1만큼 평행이동한 그래프이다.

따라서 함수 $f(x)$의 그래프의 개형은 ②이다. 답 ②

11

$f(1)=\dfrac{1+1}{1}=2$이므로

$(g^{-1}\circ f)(1)=g^{-1}(f(1))=g^{-1}(2)$

$g^{-1}(2)=k$라 하면 $g(k)=2$

$g(k)=\dfrac{k}{k-1}=2$에서 $k=2k-2$ $\quad\therefore k=2$

$\therefore (g^{-1}\circ f)(1)=g^{-1}(2)=2$ 답 2

12

$6-3x\geq0,\ 3-x\neq0,\ x+2\geq0$이어야 하므로

$x\leq2,\ x\neq3,\ x\geq-2$

$\therefore -2\leq x\leq2$

따라서 $M=2,\ m=-2$이므로

$Mm=-4$ 답 ①

13

$\dfrac{\sqrt{x+2}-\sqrt{x-2}}{\sqrt{x+2}+\sqrt{x-2}}+\dfrac{\sqrt{x+2}+\sqrt{x-2}}{\sqrt{x+2}-\sqrt{x-2}}$

$=\dfrac{(\sqrt{x+2}-\sqrt{x-2})^2+(\sqrt{x+2}+\sqrt{x-2})^2}{(\sqrt{x+2}+\sqrt{x-2})(\sqrt{x+2}-\sqrt{x-2})}$

$=\dfrac{(x+2)+(x-2)+(x+2)+(x-2)}{(x+2)-(x-2)}$

$=\dfrac{4x}{4}=x=\sqrt{5}$ 답 ③

14

직선 $y=k$와 함수 $y=\sqrt{x}$의 그래프의 교점의 x좌표는

$\sqrt{x}=k$에서 $x=k^2$

직선 $y=k$와 함수 $y=\sqrt{3x}$의 그래프의 교점의 x좌표는

$\sqrt{3x}=k$에서 $x=\dfrac{k^2}{3}$

$\overline{PQ}=6$이므로

$k^2-\dfrac{k^2}{3}=6,\ 2k^2=18,\ k^2=9$

$\therefore k=3\ (\because k>0)$ 답 ④

15

$y=\sqrt{x+1}$의 치역이 $\{y\,|\,y\geq0\}$이므로 그 역함수의 정의역은

$\{x\,|\,x\geq0\}$이다.

$f(x)=\sqrt{x+1}$에서 $y=\sqrt{x+1}$로 놓고, 양변을 제곱하면

$y^2=x+1$

$\therefore x=y^2-1$

x와 y를 서로 바꾸면

$y=x^2-1$

$\therefore f^{-1}(x)=x^2-1\ (x\geq0)$

$\therefore \dfrac{f^{-1}(x)}{(x+1)^2}=\dfrac{x^2-1}{(x+1)^2}=\dfrac{(x+1)(x-1)}{(x+1)^2}$

$\qquad\qquad =\dfrac{x-1}{x+1}$ 답 ③

16

$f^{-1}\circ f^{-1}=(f\circ f)^{-1}$이므로

$(f^{-1}\circ f^{-1})(a)=(f\circ f)^{-1}(a)=16$에서

$(f\circ f)(16)=a$

$\therefore a=(f\circ f)(16)=f(f(16))$

$\qquad =f(1-\sqrt{16})=f(-3)$

$\qquad =\sqrt{1-(-3)}=2$ 답 ②

III. 경우의 수

07 순열

유형 1

두 주사위에서 나오는 눈의 수를 순서쌍으로 나타내면
(ⅰ) 눈의 수의 합이 4인 경우
  $(1, 3), (2, 2), (3, 1)$의 3가지
(ⅱ) 눈의 수의 합이 5인 경우
  $(1, 4), (2, 3), (3, 2), (4, 1)$의 4가지
(ⅰ), (ⅱ)의 두 사건은 동시에 일어날 수 없으므로 구하는 경우의 수는
$3+4=7$ 답 ③

1-1

두 주사위에서 나오는 눈의 수를 순서쌍으로 나타내면
(ⅰ) 눈의 수의 합이 6인 경우
  $(1, 5), (2, 4), (3, 3), (4, 2), (5, 1)$의 5가지
(ⅱ) 눈의 수의 합이 12인 경우
  $(6, 6)$의 1가지
(ⅰ), (ⅱ)의 두 사건은 동시에 일어날 수 없으므로 구하는 경우의 수는
$5+1=6$ 답 6

1-2

꺼낸 구슬에 적힌 두 수를 순서쌍으로 나타내면
(ⅰ) 두 수의 합이 19인 경우
  $(9, 10), (10, 9)$의 2가지
(ⅱ) 두 수의 합이 20인 경우
  $(10, 10)$의 1가지

(ⅰ), (ⅱ)의 두 사건은 동시에 일어날 수 없으므로 구하는 경우의 수는
$2+1=3$ 답 3

유형 2

72를 소인수분해하면 $72=2^3 \times 3^2$
2^3의 양의 약수는 1, 2, 2^2, 2^3의 4개
3^2의 양의 약수는 1, 3, 3^2의 3개
이 중에서 각각 하나씩 택하여 곱한 수는 모두 72의 양의 약수가 된다.
즉, 72의 양의 약수의 개수는
$a=4 \times 3=12$
120을 소인수분해하면 $120=2^3 \times 3 \times 5$
2^3의 양의 약수는 1, 2, 2^2, 2^3의 4개
3의 양의 약수는 1, 3의 2개
5의 양의 약수는 1, 5의 2개
즉, 120의 양의 약수의 개수는
$b=4 \times 2 \times 2=16$
$\therefore a+b=12+16=28$ 답 ①

참고 자연수 N이
$N=p^l q^m r^n$ (p, q, r는 서로 다른 소수, l, m, n은 자연수)
꼴로 소인수분해될 때, N의 양의 약수의 개수는
$(l+1)(m+1)(n+1)$

2-1

96을 소인수분해하면 $96=2^5 \times 3$
즉, 96의 양의 약수의 개수는
$a=(5+1)(1+1)=6 \times 2=12$
180을 소인수분해하면 $180=2^2 \times 3^2 \times 5$
즉, 180의 양의 약수의 개수는
$b=(2+1)(2+1)(1+1)=3 \times 3 \times 2=18$
$\therefore b-a=18-12=6$ 답 ③

2-2

$(x+y)(a+b+c)$를 전개하면 x, y에 곱해지는 항이 각각 a, b, c의 3개이므로 항의 개수는
$2 \times 3=6$ 답 6

유형 3

(ⅰ) A ⟶ B ⟶ D로 가는 경우의 수는
  $2 \times 1=2$
(ⅱ) A ⟶ C ⟶ D로 가는 경우의 수는
  $3 \times 2=6$
(ⅰ), (ⅱ)의 두 사건은 동시에 일어날 수 없으므로 구하는 경우의 수는
$2+6=8$ 답 ②

3-1

(i) A $\longrightarrow$ B $\longrightarrow$ D로 가는 경우의 수는

$\quad 2 \times 3 = 6$

(ii) A $\longrightarrow$ C $\longrightarrow$ D로 가는 경우의 수는

$\quad 3 \times 2 = 6$

(iii) A $\longrightarrow$ B $\longrightarrow$ C $\longrightarrow$ D로 가는 경우의 수는

$\quad 2 \times 2 \times 2 = 8$

(iv) A $\longrightarrow$ C $\longrightarrow$ B $\longrightarrow$ D로 가는 경우의 수는

$\quad 3 \times 2 \times 3 = 18$

(i)~(iv)의 네 사건은 동시에 일어날 수 없으므로 구하는 경우의 수는

$6 + 6 + 8 + 18 = 38$

답 38

3-2

(i) A $\longrightarrow$ B $\longrightarrow$ D $\longrightarrow$ C $\longrightarrow$ A로 가는 경우의 수는

$\quad 3 \times 2 \times 2 \times 1 = 12$

(ii) A $\longrightarrow$ C $\longrightarrow$ D $\longrightarrow$ B $\longrightarrow$ A로 가는 경우의 수는

$\quad 1 \times 2 \times 2 \times 3 = 12$

(i), (ii)의 두 사건은 동시에 일어날 수 없으므로 구하는 경우의 수는

$12 + 12 = 24$

답 24

유형 4

$_{n+2}\mathrm{P}_4 = 56 \times {}_n\mathrm{P}_2$에서

$(n+2)(n+1)n(n-1) = 56n(n-1)$

$n \geq 2$이므로 양변을 $n(n-1)$로 나누면

$(n+2)(n+1) = 56$

$n^2 + 3n - 54 = 0,\ (n-6)(n+9) = 0$

$\therefore n = 6\ (\because n \geq 2)$

답 ②

참고 $_{n+2}\mathrm{P}_4,\ {}_n\mathrm{P}_2$에서 $n+2 \geq 4$, $n \geq 2$이므로 $n \geq 2$이다.

4-1

$_{n+3}\mathrm{P}_3 = 10 \times {}_{n+1}\mathrm{P}_2$에서

$(n+3)(n+2)(n+1) = 10(n+1)n$

$n \geq 1$이므로 양변을 $n+1$로 나누면

$(n+3)(n+2) = 10n$

$n^2 - 5n + 6 = 0,\ (n-2)(n-3) = 0$

$\therefore n = 2$ 또는 $n = 3$

따라서 모든 자연수 n의 값의 합은

$2 + 3 = 5$

답 5

4-2

$_n\mathrm{P}_3 + 3 \times {}_n\mathrm{P}_2 = 5 \times {}_{n+1}\mathrm{P}_2$에서

$n(n-1)(n-2) + 3n(n-1) = 5(n+1)n$

$n \geq 3$이므로 양변을 n으로 나누면

$(n-1)(n-2) + 3(n-1) = 5(n+1)$

$n^2 - 5n - 6 = 0,\ (n+1)(n-6) = 0$

$\therefore n = 6\ (\because n \geq 3)$

답 ③

유형 5

어른 2명을 묶어 한 사람으로 생각하면 4명을 일렬로 세우는 경우의 수는

$4! = 4 \times 3 \times 2 \times 1 = 24$

그 각각에 대하여 어른 2명이 자리를 바꾸는 경우의 수는

$2! = 2 \times 1 = 2$

$\therefore a = 24 \times 2 = 48$

한편, 아이 3명을 일렬로 세우는 경우의 수는

$3! = 3 \times 2 \times 1 = 6$

$$\lor\ \bullet\ \lor\ \bullet\ \lor\ \bullet\ \lor$$

위의 그림과 같이 아이 3명($\bullet$)의 사이사이와 양 끝의 4개의 자리에 어른 2명을 세우는 경우의 수는

$_4\mathrm{P}_2 = 4 \times 3 = 12$

$\therefore b = 6 \times 12 = 72$

$\therefore b - a = 72 - 48 = 24$

답 ⑤

5-1

모음 e, o를 묶어 한 문자로 생각하면 5개를 일렬로 나열하는 경우의 수는

$5! = 5 \times 4 \times 3 \times 2 \times 1 = 120$

그 각각에 대하여 모음 2개의 자리를 바꾸는 경우의 수는

$2! = 2 \times 1 = 2$

$\therefore a = 120 \times 2 = 240$

한편, 자음 p, r, s, n의 4개를 일렬로 나열하는 경우의 수는

$4! = 4 \times 3 \times 2 \times 1 = 24$

$$\lor\ \bullet\ \lor\ \bullet\ \lor\ \bullet\ \lor\ \bullet\ \lor$$

위의 그림과 같이 자음 4개($\bullet$)의 사이사이와 양 끝의 5개의 자리에 모음 2개를 나열하는 경우의 수는

$_5\mathrm{P}_2 = 5 \times 4 = 20$

$\therefore b = 24 \times 20 = 480$

$\therefore a + b = 240 + 480 = 720$

답 720

5-2

영어책 4권을 묶어 한 권으로 생각하면 $(n+1)$권을 일렬로 꽂는 경우의 수는

$(n+1)!$

그 각각에 대하여 영어책 4권의 자리를 바꾸는 경우의 수는

$4! = 4 \times 3 \times 2 \times 1 = 24$

따라서 $(n+1)! \times 24 = 576$이므로

$(n+1)! = 24 = 4 \times 3 \times 2 \times 1$

$n + 1 = 4 \qquad \therefore n = 3$

답 ①

세 자리의 자연수 중 짝수는

□□2 또는 □□4

꼴이다. 각각의 경우에 대하여 백의 자리와 십의 자리에는 일의 자리에 오는 숫자를 제외한 4개의 숫자 중에서 2개를 택하여 나열하면 된다.

따라서 구하는 짝수의 개수는

$_4\mathrm{P}_2+_4\mathrm{P}_2=2\times_4\mathrm{P}_2=2\times(4\times3)=24$ 답 ①

6-1

네 자리의 자연수 중 홀수는

□□□1 또는 □□□3 또는 □□□5

꼴이다. 각각의 경우에 대하여 천의 자리, 백의 자리, 십의 자리에는 일의 자리에 오는 숫자를 제외한 4개의 숫자 중에서 3개를 택하여 나열하면 된다.

따라서 구하는 홀수의 개수는

$$_4\mathrm{P}_3+_4\mathrm{P}_3+_4\mathrm{P}_3=3\times_4\mathrm{P}_3$$
$$=3\times(4\times3\times2)=72$$ 답 ⑤

6-2

4의 배수가 되려면 끝의 두 자리의 수가 4의 배수이어야 한다.

이때 네 자리의 자연수 중 4의 배수는

□□36 또는 □□56 또는 □□64 또는 □□76

꼴이다. 각각의 경우에 대하여 천의 자리와 백의 자리에는 십의 자리와 일의 자리에 오는 숫자를 제외한 3개의 숫자 중에서 2개를 택하여 나열하면 된다.

따라서 구하는 4의 배수의 개수는

$$_3\mathrm{P}_2+_3\mathrm{P}_2+_3\mathrm{P}_2+_3\mathrm{P}_2=4\times_3\mathrm{P}_2$$
$$=4\times(3\times2)=24$$ 답 24

교과서 문제 정복하기
> **본문 54~55쪽**

01 ①	**02** ①	**03** ①	**04** ⑤	**05** ③
06 ③	**07** 15	**08** 7	**09** ⑤	**10** ⑤
11 ②	**12** ④	**13** 1440	**14** 52	**15** ④

01

5의 배수가 적힌 카드가 나오는 경우는

5, 10, 15의 3가지

6의 배수가 적힌 카드가 나오는 경우는

6, 12, 18의 3가지

따라서 구하는 경우의 수는

$3+3=6$ 답 ①

02

100 이하의 자연수 중에서

5의 배수는 5, 10, 15, ⋯, 100의 20개

7의 배수는 7, 14, 21, ⋯, 98의 14개

5와 7의 공배수, 즉 35의 배수는 35, 70의 2개

따라서 손뼉을 쳐야 하는 자연수의 개수는

$20+14-2=32$ 답 ①

참고 사건 A와 사건 B가 일어나는 경우의 수가 각각 m, n이고, 두 사건 A, B가 동시에 일어나는 경우의 수가 l이면

(사건 A 또는 사건 B가 일어나는 경우의 수)$=m+n-l$

03

십의 자리에 올 수 있는 숫자는 2, 4, 6, 8의 4개

그 각각에 대하여 일의 자리에 올 수 있는 숫자는

1, 3, 5, 7, 9의 5개

따라서 구하는 개수는

$4\times5=20$ 답 ①

04

240과 320의 양의 공약수의 개수는 240과 320의 최대공약수의 양의 약수의 개수와 같다.

이때 $240=2^4\times3\times5$, $320=2^6\times5$이므로 240과 320의 최대공약수는

$2^4\times5$

따라서 240과 320의 양의 공약수의 개수는 $2^4\times5$의 양의 약수의 개수와 같으므로

$(4+1)(1+1)=10$ 답 ⑤

05

100원짜리 동전으로 지불할 수 있는 경우는

0개, 1개, 2개, 3개의 4가지

10원짜리 동전으로 지불할 수 있는 경우는

0개, 1개, 2개, 3개, 4개의 5가지

이때 0원을 지불하는 경우는 제외해야 하므로 구하는 경우의 수는

$4\times5-1=19$ 답 ③

06

A 영역에 칠할 수 있는 색은

4가지

B 영역은 A 영역에 인접하므로 B 영역에 칠할 수 있는 색은 A 영역에 칠한 색을 제외한

3가지

C 영역은 A 영역과 B 영역에 인접하므로 C 영역에 칠할 수 있는 색은 A 영역과 B 영역에 칠한 색을 제외한

2가지

D 영역은 A 영역, B 영역, C 영역에 인접하므로 D 영역에 칠할 수 있는 색은 A 영역, B 영역, C 영역에 칠한 색을 제외한 1가지

따라서 구하는 경우의 수는

$4 \times 3 \times 2 \times 1 = 24$ **답** ③

07

(i) 입구 $\longrightarrow$ 침엽수 정원 $\longrightarrow$ 허브 정원 $\longrightarrow$ 야생화 정원으로 가는 경우의 수는

$1 \times 3 \times 1 = 3$

(ii) 입구 $\longrightarrow$ 허브 정원 $\longrightarrow$ 침엽수 정원 $\longrightarrow$ 야생화 정원으로 가는 경우의 수는

$2 \times 3 \times 2 = 12$

(i), (ii)에서 구하는 경우의 수는

$3 + 12 = 15$ **답** 15

08

$_n\mathrm{P}_3 = 6n(n-2)$에서

$n(n-1)(n-2) = 6n(n-2)$

$n \geq 3$이므로 양변을 $n(n-2)$로 나누면

$n-1 = 6$ $\therefore n = 7$ **답** 7

09

7곳의 관광지 중에서 4곳을 택한 후 순서를 정하여 관광하는 경우의 수는 7개에서 4개를 택하는 순열의 수와 같으므로

$_7\mathrm{P}_4 = 7 \times 6 \times 5 \times 4 = 840$ **답** ⑤

10

남자 5명 중에서 대표와 부대표를 선출하는 경우의 수는 5개에서 2개를 택하는 순열의 수와 같으므로

$_5\mathrm{P}_2 = 5 \times 4 = 20$

그 각각에 대하여 여자 4명 중에서 대표와 부대표를 선출하는 경우의 수는 4개에서 2개를 택하는 순열의 수와 같으므로

$_4\mathrm{P}_2 = 4 \times 3 = 12$

따라서 구하는 경우의 수는

$20 \times 12 = 240$ **답** ⑤

11

승빈이를 맨 앞에, 은이를 맨 뒤에 고정하고 나머지 4명을 일렬로 세우면 되므로 구하는 경우의 수는

$4! = 4 \times 3 \times 2 \times 1 = 24$ **답** ②

12

남학생 5명을 묶어 한 사람으로 생각하면 3명을 일렬로 세우는 경우의 수는

$3! = 3 \times 2 \times 1 = 6$

그 각각에 대하여 남학생 5명이 자리를 바꾸는 경우의 수는

$5! = 5 \times 4 \times 3 \times 2 \times 1 = 120$

따라서 구하는 경우의 수는

$6 \times 120 = 720$ **답** ④

13

A반 학생 2명을 한 사람으로, B반 학생 3명을 한 사람으로 생각하여 C반 학생 3명과 일렬로 세우는 경우의 수는 5명을 일렬로 세우는 경우의 수와 같으므로

$5! = 5 \times 4 \times 3 \times 2 \times 1 = 120$

A반 학생 2명이 자리를 바꾸는 경우의 수는

$2! = 2 \times 1 = 2$

B반 학생 3명이 자리를 바꾸는 경우의 수는

$3! = 3 \times 2 \times 1 = 6$

따라서 구하는 경우의 수는

$120 \times 2 \times 6 = 1440$ **답** 1440

14

세 자리의 자연수 중 짝수는

□□0 또는 □□2 또는 □□4 꼴

이다.

(i) □□0 꼴인 경우

백의 자리와 십의 자리에는 0을 제외한 5개의 숫자 중에서 2개를 택하여 나열하면 된다.

$\therefore {}_5\mathrm{P}_2 = 5 \times 4 = 20$

(ii) □□2 또는 □□4 꼴인 경우

백의 자리에는 0과 일의 자리에 오는 숫자를 제외한 4개의 숫자 중 1개가 올 수 있고, 십의 자리에는 백의 자리와 일의 자리에 오는 숫자를 제외한 4개의 숫자 중 1개가 올 수 있다.

$\therefore 2 \times (4 \times 4) = 32$

(i), (ii)에서 구하는 짝수의 개수는

$20 + 32 = 52$ **답** 52

15

A□□□ 꼴의 문자열의 개수는 B, C, D를 일렬로 배열하는 경우의 수와 같으므로

$3! = 3 \times 2 \times 1 = 6$

BA□□ 꼴의 문자열의 개수는 C, D를 일렬로 배열하는 경우의 수와 같으므로

$2! = 2 \times 1 = 2$

BC□□ 꼴의 문자열의 개수는 A, D를 일렬로 배열하는 경우의 수와 같으므로

$2! = 2 \times 1 = 2$

따라서 BDAC는 $6 + 2 + 2 + 1 = 11$(번째)에 오는 문자열이다.   **답** ④

08 조합

유형 1

$_{n+2}C_n = _{n+2}C_2$이므로 $_{n+2}C_n = 15$에서 $_{n+2}C_2 = 15$

$$\frac{(n+2)(n+1)}{2 \times 1} = 15$$

$$(n+2)(n+1) = 30 = 6 \times 5$$

$$\therefore n = 4 \ (\because n > 0)$$

답 ②

1-1

$_{n+3}C_n = _{n+3}C_3$이므로 $_{n+3}C_n = 56$에서 $_{n+3}C_3 = 56$

$$\frac{(n+3)(n+2)(n+1)}{3 \times 2 \times 1} = 56$$

$$(n+3)(n+2)(n+1) = 336 = 8 \times 7 \times 6$$

$$\therefore n = 5 \ (\because n > 0)$$

답 ②

1-2

$2 \times {}_nC_3 = 3 \times {}_nP_2$에서

$$2 \times \frac{n(n-1)(n-2)}{3 \times 2 \times 1} = 3 \times n(n-1)$$

$$n(n-1)(n-2) = 9n(n-1)$$

$$n-2 = 9 \ (\because n \geq 3)$$

$$\therefore n = 11$$

답 11

유형 2

케이크 4종류 중에서 2종류를 주문하는 경우의 수는

$$_4C_2 = \frac{4 \times 3}{2 \times 1} = 6$$

음료 5종류 중에서 3종류를 주문하는 경우의 수는

$$_5C_3 = _5C_2 = \frac{5 \times 4}{2 \times 1} = 10$$

따라서 구하는 경우의 수는

$$6 \times 10 = 60$$

답 ②

2-1

이어달리기에 신청한 학생 7명 중에서 4명을 뽑는 경우의 수는

$$_7C_4 = _7C_3 = \frac{7 \times 6 \times 5}{3 \times 2 \times 1} = 35$$

줄넘기에 신청한 학생 6명 중에서 3명을 뽑는 경우의 수는

$$_6C_3 = \frac{6 \times 5 \times 4}{3 \times 2 \times 1} = 20$$

따라서 구하는 경우의 수는

$$35 \times 20 = 700$$

답 700

2-2

소프라노 3명 중에서 2명을 뽑는 경우의 수는

$$_3C_2 = _3C_1 = 3$$

알토 6명 중에서 4명을 뽑는 경우의 수는

$$_6C_4 = _6C_2 = \frac{6 \times 5}{2 \times 1} = 15$$

테너 4명 중에서 3명을 뽑는 경우의 수는

$$_4C_3 = _4C_1 = 4$$

따라서 구하는 경우의 수는

$$3 \times 15 \times 4 = 180$$

답 ④

유형 3

구하는 경우의 수는 두 선수 A, B를 제외한 10명의 선수 중에서 3명의 선수를 뽑는 경우의 수와 같으므로

$$_{10}C_3 = \frac{10 \times 9 \times 8}{3 \times 2 \times 1} = 120$$

답 ①

3-1

파란색 구슬을 이미 꺼냈다고 생각하면 구하는 경우의 수는 파란색 구슬을 제외한 10개의 구슬 중에서 5개의 구슬을 꺼내는 경우의 수와 같으므로

$$_{10}C_5 = \frac{10 \times 9 \times 8 \times 7 \times 6}{5 \times 4 \times 3 \times 2 \times 1} = 252$$

답 ④

3-2

구하는 경우의 수는 빨간색, 녹색, 검은색 색연필을 제외한 7자루의 색연필 중에서 5자루의 색연필을 선택하는 경우의 수와 같으므로

$$_7C_5 = _7C_2 = \frac{7 \times 6}{2 \times 1} = 21$$

답 21

유형 4

어른 5명과 아이 4명 중에서 4명을 뽑는 경우의 수는

$$_9C_4 = \frac{9 \times 8 \times 7 \times 6}{4 \times 3 \times 2 \times 1} = 126$$

아이만 4명을 뽑는 경우의 수는

$$_4C_4 = 1$$

따라서 구하는 경우의 수는

$$126 - 1 = 125$$

답 ⑤

4-1

가위 6개와 풀 5개 중에서 3개를 택하는 경우의 수는

$$_{11}C_3 = \frac{11 \times 10 \times 9}{3 \times 2 \times 1} = 165$$

풀만 3개를 택하는 경우의 수는

$$_5C_3={}_5C_2=\frac{5\times4}{2\times1}=10$$

따라서 구하는 경우의 수는

$$165-10=155$$

답 ①

4-2

남학생 7명과 여학생 5명 중에서 4명의 학생을 뽑는 경우의 수는

$$_{12}C_4=\frac{12\times11\times10\times9}{4\times3\times2\times1}=495$$

남학생만 4명을 뽑는 경우의 수는

$$_7C_4={}_7C_3=\frac{7\times6\times5}{3\times2\times1}=35$$

여학생만 4명을 뽑는 경우의 수는

$$_5C_4={}_5C_1=5$$

따라서 구하는 경우의 수는

$$495-(35+5)=455$$

답 455

유형 5

남학생 6명 중에서 3명을 뽑는 경우의 수는

$$_6C_3=\frac{6\times5\times4}{3\times2\times1}=20$$

여학생 4명 중에서 1명을 뽑는 경우의 수는

$$_4C_1=4$$

뽑은 4명을 일렬로 세우는 경우의 수는

$$4!=4\times3\times2\times1=24$$

따라서 구하는 경우의 수는

$$20\times4\times24=1920$$

답 ⑤

5-1

A반 학생 3명 중에서 2명을 뽑는 경우의 수는

$$_3C_2={}_3C_1=3$$

B반 학생 5명 중에서 3명을 뽑는 경우의 수는

$$_5C_3={}_5C_2=\frac{5\times4}{2\times1}=10$$

뽑은 5명을 일렬로 세우는 경우의 수는

$$5!=5\times4\times3\times2\times1=120$$

따라서 구하는 경우의 수는

$$3\times10\times120=3600$$

답 3600

5-2

4가 적힌 카드를 제외한 8장의 카드 중에서 2장의 카드를 뽑는 경우의 수는

$$_8C_2=\frac{8\times7}{2\times1}=28$$

3장의 카드를 일렬로 나열하는 경우의 수는

$$3!=3\times2\times1=6$$

따라서 구하는 자연수의 개수는

$$28\times6=168$$

답 ③

유형 6

7개의 점 중에서 2개를 택하는 경우의 수는

$$_7C_2=\frac{7\times6}{2\times1}=21$$

직선 l 위에 있는 4개의 점 중에서 2개를 택하는 경우의 수는

$$_4C_2=\frac{4\times3}{2\times1}=6$$

직선 m 위에 있는 3개의 점 중에서 2개를 택하는 경우의 수는

$$_3C_2={}_3C_1=3$$

이때 일직선 위에 있는 점들로 만들 수 있는 직선은 1개이므로 구하는 직선의 개수는

$$21-(6+3)+1+1=14$$

답 ④

6-1

10개의 점 중에서 2개를 택하는 경우의 수는

$$_{10}C_2=\frac{10\times9}{2\times1}=45$$

직선 l 위에 있는 4개의 점 중에서 2개를 택하는 경우의 수는

$$_4C_2=\frac{4\times3}{2\times1}=6$$

직선 m 위에 있는 6개의 점 중에서 2개를 택하는 경우의 수는

$$_6C_2=\frac{6\times5}{2\times1}=15$$

이때 일직선 위에 있는 점들로 만들 수 있는 직선은 1개이므로 구하는 직선의 개수는

$$45-(6+15)+1+1=26$$

답 26

6-2

8개의 꼭짓점 중에서 2개를 택하는 경우의 수는

$$_8C_2=\frac{8\times7}{2\times1}=28$$

이때 8개의 변은 대각선의 개수에서 제외해야 하므로 구하는 대각선의 개수는

$$28-8=20$$

답 ③

교과서 문제 정복하기

▶본문 60~61쪽

01 ③	**02** 5	**03** ⑤	**04** 30	**05** ④
06 210	**07** ④	**08** ③	**09** ①	**10** ③
11 ④	**12** 144	**13** ②	**14** 90	**15** ③

01

$_{10}C_r={}_{10}C_{10-r}$이므로 $_{10}C_r={}_{10}C_{r-4}$에서

$$_{10}C_{10-r}={}_{10}C_{r-4}$$
$$10-r=r-4,\ 2r=14$$
$$\therefore r=7$$

답 ③

02

$_{n+1}\text{C}_{n-1}=\,_{n+1}\text{C}_2$이므로

$_{n+2}\text{C}_3=2\times\,_n\text{C}_2+\,_{n+1}\text{C}_{n-1}$에서

$_{n+2}\text{C}_3=2\times\,_n\text{C}_2+\,_{n+1}\text{C}_2$

$\dfrac{(n+2)(n+1)n}{3!}=2\times\dfrac{n(n-1)}{2!}+\dfrac{(n+1)n}{2!}$

양변에 $\dfrac{3!}{n}$을 곱하면

$(n+2)(n+1)=6(n-1)+3(n+1)$

$n^2+3n+2=6n-6+3n+3$

$n^2-6n+5=0,\ (n-1)(n-5)=0$

$\therefore n=1$ 또는 $n=5$

이때 $n\geq2$이므로 $n=5$　　　　　　　🇪 5

03

(i) n명 중에서 임원 r명을 뽑는 경우의 수는 $\boxed{_n\text{C}_r}$이고, 뽑힌 임원 r명 중에서 회장 1명을 뽑는 경우의 수는 $\boxed{r}$이므로 구하는 경우의 수는 $r\times\,_n\text{C}_r$이다.

(ii) n명 중에서 회장 1명을 뽑는 경우의 수는 n이고, 나머지 $(n-1)$명 중에서 임원 $\boxed{(r-1)}$명을 뽑는 경우의 수는 $\boxed{_{n-1}\text{C}_{r-1}}$이므로 구하는 경우의 수는 $n\times\,_{n-1}\text{C}_{r-1}$이다.

따라서 $r\times\,_n\text{C}_r=n\times\,_{n-1}\text{C}_{r-1}$이다.　　　🇪 ⑤

04

프로듀서 5명 중에서 3명을 뽑는 경우의 수는

$_5\text{C}_3=\,_5\text{C}_2=\dfrac{5\times4}{2\times1}=10$

가수 6명 중에서 3명을 뽑는 경우의 수는

$_6\text{C}_3=\dfrac{6\times5\times4}{3\times2\times1}=20$

따라서 구하는 경우의 수는

$10+20=30$　　　　　　　🇪 30

05

집합 A의 원소 10개 중에서 3개를 뽑는 조합의 수와 같으므로

$_{10}\text{C}_3=\dfrac{10\times9\times8}{3\times2\times1}=120$　　　🇪 ④

06

십자수를 하는 2일을 택하는 경우의 수는

$_7\text{C}_2=\dfrac{7\times6}{2\times1}=21$

십자수를 하는 2일을 제외하고 나머지 5일 중에서 북아트를 하는 4일을 택하는 경우의 수는

$_5\text{C}_4=\,_5\text{C}_1=5$

나머지 하루에 수영, 테니스 중에서 한 가지를 택하는 경우의 수는

$_2\text{C}_1=2$

따라서 구하는 경우의 수는

$21\times5\times2=210$　　　　　🇪 210

07

구하는 경우의 수는 특정한 2명을 제외한 13명의 학생 중에서 3명을 선발하는 경우의 수와 같으므로

$_{13}\text{C}_3=\dfrac{13\times12\times11}{3\times2\times1}=286$　　　🇪 ④

08

빨간색 볼펜을 이미 택했다고 생각하면 구하는 경우의 수는 빨간색 볼펜을 제외한 $(n-1)$자루의 볼펜 중에서 3자루의 볼펜을 택하는 경우의 수와 같으므로

$_{n-1}\text{C}_3=\dfrac{(n-1)(n-2)(n-3)}{3\times2\times1}=35$

$(n-1)(n-2)(n-3)=210=7\times6\times5$

$\therefore n=8$　　　　　　　🇪 ③

09

핸드볼 선수 7명과 배구 선수 6명 중에서 5명을 뽑는 경우의 수는

$_{13}\text{C}_5=\dfrac{13\times12\times11\times10\times9}{5\times4\times3\times2\times1}=1287$

핸드볼 선수만 5명을 뽑는 경우의 수는

$_7\text{C}_5=\,_7\text{C}_2=\dfrac{7\times6}{2\times1}=21$

배구 선수만 5명을 뽑는 경우의 수는

$_6\text{C}_5=\,_6\text{C}_1=6$

따라서 구하는 경우의 수는

$1287-(21+6)=1260$　　　🇪 ①

10

두 수의 곱이 짝수이려면 적어도 1개는 짝수가 적힌 공을 꺼내야 한다.

8개의 공 중에서 2개의 공을 꺼내는 경우의 수는

$_8\text{C}_2=\dfrac{8\times7}{2\times1}=28$

홀수가 적힌 공만 2개를 꺼내는 경우의 수는

$_4\text{C}_2=\dfrac{4\times3}{2\times1}=6$

따라서 구하는 경우의 수는

$28-6=22$　　　　　　　🇪 ③

다른풀이 두 수의 곱이 짝수인 경우는

(짝수)×(짝수) 또는 (짝수)×(홀수)

꼴이다.

(i) 두 공에 적힌 수가 모두 짝수인 경우

짝수가 적힌 4개의 공 중에서 2개의 공을 꺼내면 되므로

$_4\text{C}_2=\dfrac{4\times3}{2\times1}=6$

(ⅱ) 한 공에 적힌 수는 짝수, 다른 한 공에 적힌 수는 홀수인 경우
짝수가 적힌 4개의 공 중에서 1개, 홀수가 적힌 4개의 공 중에서 1개를 꺼내면 되므로
$$_4C_1 \times {}_4C_1 = 4 \times 4 = 16$$
(ⅰ), (ⅱ)에서 구하는 경우의 수는
$$6 + 16 = 22$$

11

여자 2명이 같은 모둠에 속하려면 이 모둠에는 남자가 2명이 있어야 하므로 남자 6명을 2명과 4명으로 나누면 된다.
따라서 구하는 경우의 수는
$$_6C_2 \times {}_4C_4 = \frac{6 \times 5}{2 \times 1} \times 1 = 15 \times 1 = 15$$
답 ④

12

군인 4명 중에서 3명을 뽑는 경우의 수는
$$_4C_3 = {}_4C_1 = 4$$
경찰 3명 중에서 2명을 뽑는 경우의 수는
$$_3C_2 = {}_3C_1 = 3$$
경찰 2명을 양 끝에 세우는 경우의 수는
$$2! = 2 \times 1 = 2$$
그 각각에 대하여 군인 3명을 일렬로 세우는 경우의 수는
$$3! = 3 \times 2 \times 1 = 6$$
따라서 구하는 경우의 수는
$$4 \times 3 \times 2 \times 6 = 144$$
답 144

13

함수 f가 주어진 조건을 만족시키려면 집합 Y의 원소 5개 중에서 4개를 택하여 작은 수부터 차례대로 정의역의 원소 1, 2, 3, 4에 대응시키면 된다.
따라서 함수 f의 개수는 5개의 원소 중에서 4개를 뽑는 조합의 수와 같으므로
$$_5C_4 = {}_5C_1 = 5$$
답 ②

14

가로로 놓인 4개의 평행선 중에서 2개, 세로로 놓인 6개 평행선 중에서 2개를 택하면 하나의 평행사변형이 결정되므로 구하는 평행사변형의 개수는
$$_4C_2 \times {}_6C_2 = \frac{4 \times 3}{2 \times 1} \times \frac{6 \times 5}{2 \times 1} = 90$$
답 90

15

가로선 4개 중에서 2개, 세로선 5개 중에서 2개를 택하면 하나의 직사각형이 결정되므로 직사각형의 총 개수는
$$_4C_2 \times {}_5C_2 = \frac{4 \times 3}{2 \times 1} \times \frac{5 \times 4}{2 \times 1} = 60$$

이때 가장 작은 정사각형 1개, 4개, 9개로 이루어진 정사각형의 개수는 각각 12, 6, 2이므로 정사각형의 총 개수는
$$12 + 6 + 2 = 20$$
따라서 구하는 경우의 수는
$$60 - 20 = 40$$
답 ③

01

두 주사위의 눈의 수를 순서쌍으로 나타내면
(ⅰ) 눈의 수의 합이 3인 경우
　(1, 2), (2, 1)의 2가지
(ⅱ) 눈의 수의 합이 6인 경우
　(1, 5), (2, 4), (3, 3), (4, 2), (5, 1)의 5가지
(ⅲ) 눈의 수의 합이 9인 경우
　(3, 6), (4, 5), (5, 4), (6, 3)의 4가지
(ⅳ) 눈의 수의 합이 12인 경우
　(6, 6)의 1가지
(ⅰ)~(ⅳ)에서 구하는 경우의 수는
$$2 + 5 + 4 + 1 = 12$$
답 ④

02

(ⅰ) 나머지가 1인 경우
　1, 8, 15, 22, 29, 36의 6개
(ⅱ) 나머지가 3인 경우
　3, 10, 17, 24, 31, 38의 6개
(ⅲ) 나머지가 5인 경우
　5, 12, 19, 26, 33, 40의 6개
(ⅰ)~(ⅲ)에서 구하는 자연수의 개수는
$$6 + 6 + 6 = 18$$
답 ④

03

(ⅰ) $y = 1$이면 $2x + z = 7$
　이를 만족시키는 순서쌍 (x, z)는
　(1, 5), (2, 3), (3, 1)의 3개
(ⅱ) $y = 2$이면 $2x + z = 4$
　이를 만족시키는 순서쌍 (x, z)는
　(1, 2)의 1개

(iii) $y=3$이면 $2x+z=1$

　　이를 만족시키는 순서쌍 (x, z)는 없다.

(i)~(iii)에서 구하는 순서쌍의 개수는

$3+1=4$　　　　　　　　　　　　　　　답 ③

04

꼭짓점 A에서 꼭짓점 G로 가는 최단 경로를 수형도로 나타내면 다음과 같다.

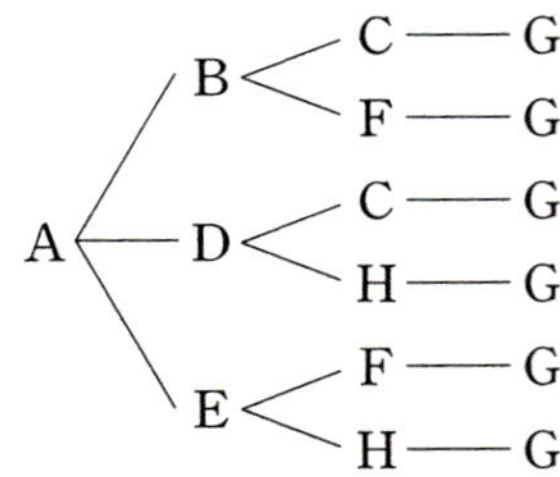

따라서 구하는 최단 경로의 수는

$3\times2=6$　　　　　　　　　　　　　　답 ③

05

$(a+b)(p+q+r)(x+y)$를 전개하면 a, b에 곱해지는 항이 각각 p, q, r의 3개이고, 그 각각에 대하여 x, y의 2개의 항이 곱해지므로 항의 개수는

$2\times3\times2=12$　　　　　　　　　　　답 12

06

$$n\times{}_{n-1}\mathrm{P}_{r-1}=n\times\frac{(\boxed{n-1})!}{\{(n-1)-(r-1)\}!}$$
$$=\frac{(\boxed{n})!}{(n-r)!}$$
$$={}_n\mathrm{P}_r$$

따라서 $f(n)=n-1$, $g(n)=n$이므로

$f(3)+g(5)=2+5=7$　　　　　　　　답 7

07

a, c를 묶어 한 문자로 생각하면 4개를 일렬로 나열하는 경우의 수는

$4!=4\times3\times2\times1=24$

그 각각에 대해 a, c가 자리를 바꾸는 경우의 수는

$2!=2\times1=2$

따라서 구하는 경우의 수는

$24\times2=48$　　　　　　　　　　　　답 ②

08

6명의 학생을 일렬로 세우는 경우의 수는

$6!=6\times5\times4\times3\times2\times1=720$

양쪽 끝에 여학생 3명 중 2명을 택하여 세우는 경우의 수는

${}_3\mathrm{P}_2=3\times2=6$

그 각각에 대하여 가운데에 나머지 4명을 일렬로 세우는 경우의 수는

$4!=4\times3\times2\times1=24$

즉, 양쪽 끝에 모두 여학생이 오도록 세우는 경우의 수는

$6\times24=144$

따라서 구하는 경우의 수는

$720-144=576$　　　　　　　　　　답 576

09

남학생 7명을 일렬로 세우는 경우의 수는 $7!$

$$\text{∨}\ \text{남}\ \text{∨}\ \text{남}\ \text{∨}\ \text{남}\ \text{∨}\ \text{남}\ \text{∨}\ \text{남}\ \text{∨}\ \text{남}\ \text{∨}$$

그 각각에 대하여 위의 그림과 같이 남학생 7명 사이사이의 6개의 자리에 여학생 3명을 세우는 경우의 수는

${}_6\mathrm{P}_3=6\times5\times4=120$

따라서 구하는 경우의 수는

$120\times7!$　　　　　　　　　　　　답 ③

10

(i) $2\square\square\square\square$ 꼴인 경우

　　천의 자리의 숫자는 1, 3, 4 중 하나를 택하고 나머지 숫자 3개를 일렬로 나열하면 되므로 구하는 자연수의 개수는

　　$3\times3!=3\times6=18$

(ii) $3\square\square\square\square$ 또는 $4\square\square\square\square$ 꼴인 경우

　　나머지 숫자 4개를 일렬로 나열하면 되므로 구하는 자연수의 개수는

　　$4!+4!=2\times4!=2\times24=48$

(i), (ii)에서 구하는 자연수의 개수는

$18+48=66$　　　　　　　　　　　　답 ⑤

11

${}_{n-1}\mathrm{C}_2+{}_n\mathrm{C}_2={}_{n+2}\mathrm{C}_2$에서

$$\frac{(n-1)(n-2)}{2\times1}+\frac{n(n-1)}{2\times1}=\frac{(n+2)(n+1)}{2\times1}$$

$n^2-3n+2+n^2-n=n^2+3n+2$

$n^2-7n=0,\ n(n-7)=0$

$\therefore n=7\ (\because n\geq3)$　　　　　　답 ⑤

12

구하는 경우는 카드 20장 중에서 동시에 2장을 뽑았을 때, 카드에 적힌 수 중 작은 수를 x, 큰 수를 y라 하는 경우와 같다.

따라서 구하는 경우의 수는 카드 20장 중에서 2장을 뽑는 조합의 수와 같으므로

${}_{20}\mathrm{C}_2=\dfrac{20\times19}{2\times1}=190$　　　　　　답 ③

13

혜미와 진수는 함께 선출되고 유리는 선출되지 않아야 하므로
혜미와 진수를 먼저 택하고 유리를 제외한 나머지 5명 중에서
2명을 택하는 조합의 수와 같다.
따라서 구하는 경우의 수는

$$_5C_2 = \frac{5 \times 4}{2 \times 1} = 10$$

답 ③

14

모음 4개, 자음 4개의 문자에서 모음 3개, 자음 2개를 택하는
경우의 수는

$$_4C_3 \times {_4}C_2 = {_4}C_1 \times {_4}C_2 = 4 \times \frac{4 \times 3}{2 \times 1} = 24$$

5개의 문자를 일렬로 나열하는 경우의 수는

$$5! = 5 \times 4 \times 3 \times 2 \times 1 = 120$$

따라서 구하는 문자열의 개수는

$$24 \times 120 = 2880$$

답 2880

15

원 위의 어떤 세 점도 일직선 위에 있지 않으므로 8개의 점 중에
서 3개를 택하면 하나의 삼각형이 결정된다.
따라서 구하는 삼각형의 개수는

$$_8C_3 = \frac{8 \times 7 \times 6}{3 \times 2 \times 1} = 56$$

답 56

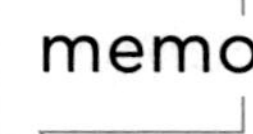
memo

memo

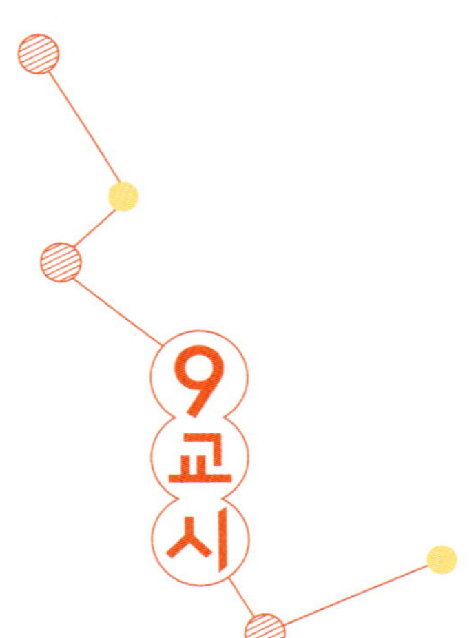
9
교시

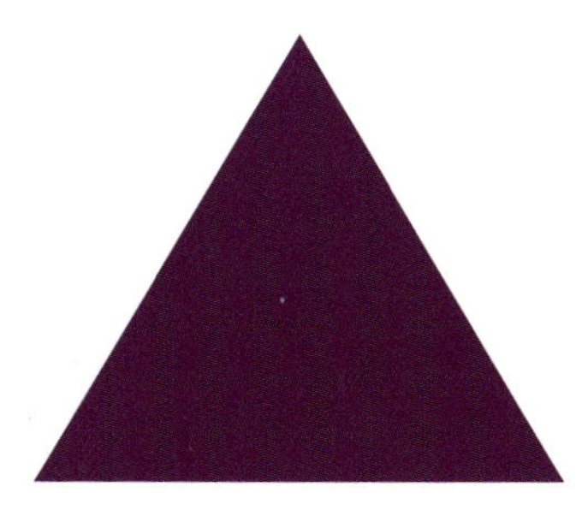

개념원리로 공부할 때
www.imath.tv

49만 회원이 인정한
[신뢰의 인강]

개념–유형–고난도
[난이도별 강좌 라인업]

1타 강사의 쉽고 간결한 설명
[자습 최적화 인강]

개념원리 인강